영생과 형통의 신앙 8단계

진리로 무장하자!

특별히 _________________ 님께
이 소중한 책을 드립니다.

영생과 형통의 신앙 8단계

진리로 무장하자

최모세 목사 지음

나침반

복된 믿음의 장부들이 되기를!

"믿음의 결국 곧 영혼의 구원을 받음이라"(베드로전서 1:9) 고 기록되어 있듯이 예수님을 믿는 근본 목적은 영혼의 구원인 영생입니다.

이땅 위에 수많은 서적, 사상, 이론, 종교…들은 다 나름대로 "선을 행하라", "평화를 위하라" 등 갖가지의 주장들을 하는데 사실은 모두 다 이 땅에서의 행복만을 추구하고 있습니다. 그러나 성경만이 "예수님을 잘 믿어서 하늘나라의 복인 영원한 복 영생의 복과 의인의 형통의 복을 받으라"고 기록되어 있습니다.

어느 누구도, 어떤 방법으로도, 어떤 노력으로도 도저히 받을 수도 가질 수도 없는 최고의 복인 영생의 복을 받는 것에 대한 말씀이 성경에 기록되어 있습니다.

"예수님 믿으면 영생의 복 받는다"(요한복음 3:16).

"행함이 없는 믿음은 죽은 것이다"(야고보서 2:26).

"사랑의 새계명까지 실천해야 영생을 얻는다"(누가복음 10:25-27).

"네 영혼이 잘됨 같이 네가 범사에 잘되고 강건하기를 내가 간구하노라”(요한삼서 1:2).

“환난 시대에는 요한 계시록의 말씀까지 잘 배워서 지켜야 영
생의 복을 받는다”(요한계시록 1:3).

성경에서는 “생명으로 인도하는 문은 좁고 협착하여 찾는 이
가 적다”(마태복음 7:13-14)고 했고, “인자가 올 때에 세상에서
믿는 자는 많지만 영생 얻을 믿음을 가진 자를 보겠느냐”(누가복
음 18:1-8)고 했으며, “이스라엘 뭇 자손의 수가 비록 바다의 모
래 같을지라도 남은 자만 구원을 얻으리니”(로마서 9:27-29)라
고 했으며, “방주에서 물로 말미암아 구원을 얻은 자가 겨우 여덟
명이라”(베드로전서 3:20)고 기록되어 있습니다.

그러므로 성경에서 믿고 지켜야 할 것은 그대로 믿고 순종해
야 하나님이 주시는 복을 받을 수 있기에 그 8가지 원리를 담은
이 책은 온전히 영생의 복을 받는데 있어서 정답만을 기록한 최
고의 값진 책입니다. 잘 정독하고, 믿고 지켜서 반드시 영생의 복
과 형통의 복을 받는 최고의 복된 믿음의 장부들이 되길 바랍니
다. 아멘.

마라나타!

p.s. 이 책의 각 장에 들어간 삽화를 기도하며 그린 이태호 님에게 감사합니다.

8단계의 개요

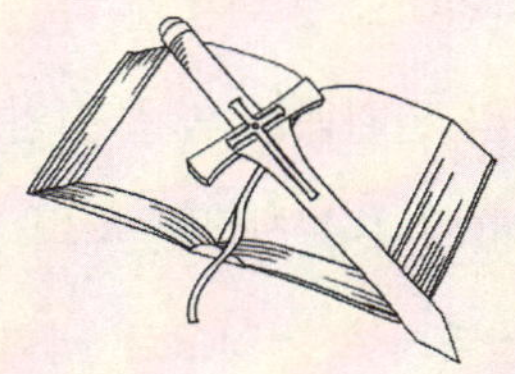

자연계를 살펴보면 농부가 밭에 씨를 뿌리면 싹이 나서 자라고 꽃이 피어 열매를 맺기까지 여러 과정을 거쳐야 되듯, 사람도 장성한 어른이 되기까지 갓 태어난 아기에서 유아기, 유년기, 소년기를 지나 청년이 되고 어른이 됩니다. 마찬가지로 마음에 숨은 사람인 영(벧전3:4)이 알곡 되어 천국의 곡간에(마3:12) 들어가기 까지는 구속받고 중생하고 자라야 됩니다. 영도 알곡이 되려면 8단계의 과정을 지나야 비로소 완전한 자 알곡이 됩니다.

예수님께서 말씀하신 8복에서도 8단계의 영생과 형통의 복 받을 과정을 기록 하셨습니다.

● (마태복음 5:1-12)
1 예수께서 무리를 보시고 산에 올라가 앉으시니 제자들이 나아온

지라 2 입을 열어 가르쳐 가라사대 3 심령이 가난한 자는 복이 있
나니 천국이 저희 것임이요 4 애통하는 자는 복이 있나니 저희가
위로를 받을 것임이요 5 온유한 자는 복이 있나니 저희가 땅을 기
업으로 받을 것임이요 6 의에 주리고 목마른 자는 복이 있나니 저
희가 배부를 것임이요 7 긍휼히 여기는 자는 복이 있나니 저희가
긍휼히 여김을 받을 것임이요 8 마음이 청결한 자는 복이 있나니
저희가 하나님을 볼 것임이요 9 화평케 하는 자는 복이 있나니 저
희가 하나님의 아들이라 일컬음을 받을 것임이요 10 의를 위하여
핍박을 받은 자는 복이 있나니 천국이 저희 것임이라 11 나를 인
하여 너희를 욕하고 핍박하고 거짓으로 너희를 거스려 모든 악한
말을 할 때에는 너희에게 복이 있나니 12 기뻐하고 즐거워하라 하
늘에서 너희의 상이 큼이라 너희 전에 있던 선지자들을 이같이 핍
박하였느니라

베드로 사도도 8단계의 영생과 형통의 복 받을 과정으로 알곡이
되라고 기록했습니다.

● (베드로후서 1:5-11)
5 이러므로 너희가 더욱 힘써 너희 믿음에 덕을, 덕에 지식을, 6
지식에 절제를, 절제에 인내를, 인내 에 경건을, 7 경건에 형제 우
애를, 형제 우애에 사랑을 공급하라 8 이런 것이 너희에게 있어 흡
족한즉 너희로 우리 주 예수 그리스도를 알기에 게으르지 않고 열
매 없는 자가 되지 않게 하려니와 9 이런 것이 없는 자는 소경이라
원시치 못하고 그의 옛 죄를 깨끗케 하심을 잊었느니라 10 그러므

로 형제들아 더욱 힘써 너희 부르심과 택하심을 굳게 하라 너희가 이것을 행한즉 언제든지 실족지 아니하리라 11 이같이 하면 우리 주 곧 구주 예수 그리스도의 영원한 나라에 들어감을 넉넉히 너희에게 주시리라

※ 신앙의 8단계의 사닥다리(창 28:12,요1:51)

구속

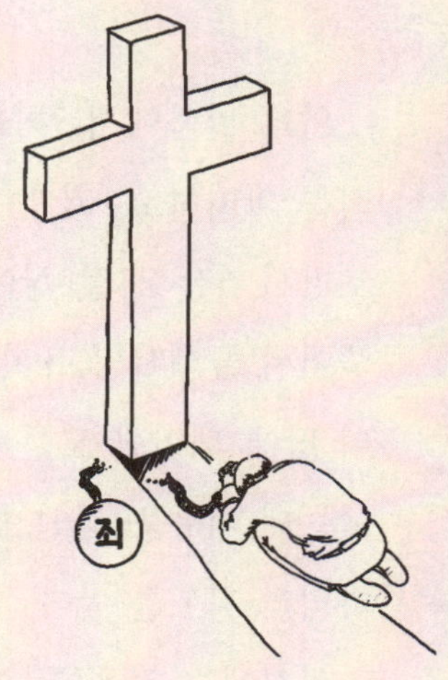

1. 구속의 의미

● (로마서 5:12)

이러므로 한 사람으로 말미암아 죄가 세상에 들어오고 죄로 말미암아 사망이 왔나니 이와 같이 모든 사람이 죄를 지었으므로 사망이 모든 사람에게 이르렀느니라

인류의 첫 시조인 아담이 에덴동산에서 선악과를 따먹는 죄를 지었습니다. 그로 인해 죄가 세상에 들어왔고 사망에 이르게 되었습니다. 아담의 후손으로 이 땅에 태어난 모든 인간들은 다 죄인으로 태어나게 되었습니다.

이스라엘의 최고로 뛰어난 훌륭한 왕 다윗도 "내가 죄악 중에 태어났고 어머니 모태에서 죄 중에 잉태 하였나이다"(시편 51:5)

고 했습니다.

● (에베소서 2:1)
너희의 허물과 죄로 죽었던 너희를 살리셨도다

위의 말씀에서 "허물"은 세상에 태어나서부터 지은 죄로 자범죄를 의미하고 "죄"는 태어날 때부터 가지고 온 원죄를 뜻합니다. 로마서 6장 23절 상에 보면 죄의 삯은 사망이므로 모든 사람은 죽어서 둘째사망 유황 불못으로 갈 수밖에 없습니다. 또 성경에서 이 땅에 태어난 모든 사람들은 본질상 진노의 자식(엡2:3)이라고 했는데 이유는 죄인으로 태어나 죄만 짓고 살기에 본질적으로 하나님의 진노를 받아 지옥에 갈 수밖에 없다는 말씀입니다.
성경에는 지옥에 대한 구절이 많이 기록되어 있습니다.

● (마태복음 3:12)
손에 키를 들고 자기의 타작 마당을 정하게 하사 알곡은 모아 곡간에 들이고 쭉정이는 꺼지지 않는 불에 태우시리라

● (마태복음 25:46)
저희는 영벌에, 의인들은 영생에 들어가리라 하시니라

● (마가복음 9:43)
만일 네 손이 너를 범죄케 하거든 찍어 버리라 불구자로 영생에 들어가는 것이 두 손을 가지고 지옥 꺼지지 않는 불에 들어가는 것보

다 나으니라

(추가 말씀 : 마가복음 9:48 / 요한계시록 20:10 / 요한계시록 21:8)

위 구절에서 기록된 무서운 지옥에 가지 않으려면 반드시 일차적으로 구속을 받아야 합니다.
구속은 "죄를 사해준다", "씻어준다", "없애준다"는 뜻입니다.

● (에베소서 1:7)
우리가 그리스도 안에서 그의 은혜의 풍성함을 따라 그의 피로 말미암아 구속 곧 죄 사함을 받았으니

● (골로새서 1:14)
그 아들 안에서 우리가 구속 곧 죄 사함을 얻었도다

● (히브리서 9:22)
율법을 좇아 거의 모든 물건이 피로써 정결케 되나니 피 흘림이 없은즉 사함이 없느니라

● (레위기 17:11)
육체의 생명은 피에 있음이라 내가 이 피를 너희에게 주어 단에 뿌려 너희의 생명을 위하여 속하게 하였나니 생명이 피에 있으므로 피가 죄를 속하느니라

2. 구속의 근원

너희는 하나님께로부터 나서 그리스도 예수 안에 있고 예수는 하나님께로서 나와서 우리에게 지혜와 의로움과 거룩함과 구속함이 되셨으니

구속이 될 수 있는 분은 예수님 외에 어느 누구도 그 무엇도 없습니다. 오직 예수님만 구속이 되신 분입니다. 왜냐하면 우리는 마귀의 자식으로 이 땅에 태어났기 때문에 죄만 짓고 사는 죄인인데 예수 그리스도만이 죄 없이 태어 나셨고 예수 그리스도의 피만이 보혈이기 때문입니다. 죄를 해결하는 방법은 십자가에서 우리의 죄를 대신지고 죽어주신, 구속이 되신 예수님을 믿어야만 해결됩니다.

그러면 왜 예수님만 죄가 없이 태어나셨나요?

왜 예수님의 피만 죄가 없는 보혈인가요?

그것은 오직 예수님만 여자의 후손이기 때문입니다.

●(창세기 3:15)
내가 너로 여자와 원수가 되게 하고 너의 후손도 여자의 후손과 원수가 되게 하리니 여자의 후손은 네 머리를 상하게 할 것이요 너는 그의 발꿈치를 상하게 할 것이니라 하시고

위의 말씀에 여자의 후손이 나오는데 범죄한 아담에게 네 후

손 중에 여자의 후손이 뱀의 후손의 머리를 상하게 할 것이라는
이 여자의 후손이 바로 예수님을 말합니다.

● (이사야 7:14)
그러므로 주께서 친히 징조로 너희에게 주실 것이라 보라 처녀가
잉태하여 아들을 낳을 것이요 그 이름을 임마누엘이라 하리라

창세기 3장에 나오는 여자의 후손으로 오실 예수님을 이사야
선지자를 통해서는 더 구체적으로 처녀가 잉태해서 오신다고 예
언했습니다.

● (베드로전서 1:18-19)
18 너희가 알거니와 너희 조상의 유전한 망령된 행실에서 구속된
것은 은이나 금같이 없어질 것으로 한 것이 아니요 19 오직 흠 없
고 점 없는 어린 양 같은 그리스도의 보배로운 피로 한 것이니라

예수님의 피만 보배로운 피이고 이 땅의 어느 누구의 피도 보
배로운 피가 아니라는 말씀입니다. 여기서 "예수님의 피가 보배
롭다"는 말씀은 금이나 은이나 보석이 보배롭지만 그것과는 비
교할 수 없는 "더 보배로운 피"라는 뜻입니다. 왜냐하면 죄를 씻
어주기 때문입니다.

● (마태복음 1:18-20)
18 예수 그리스도의 나심은 이러하니라 그 모친 마리아가 요셉과

위의 말씀에서 요셉과 마리아가 약혼을 했는데 약혼녀가 잉태했다는 소식을 듣고 요셉이 조용히 파혼을 하려고 한 것으로 보아 둘 사이가 정결 했다는 것을 알 수 있습니다. 그러므로 예수님은 마리아에게서 태어 나셨으나 요셉의 피를 받지 않고, 씨를 받지 않았습니다. 다시 말해 마리아의 잉태는 부정모혈이 아닌 하나님의 말씀의 씨가 성령으로 잉태되었던 것입니다.

● (요한복음 1:14)

위의 말씀은 예수님은 말씀이 처녀 마리아에게 잉태되어 태어 나신 분이라는 말씀입니다. 예수님의 족보(마1:1-16)를 보면 아브라함부터 시작하여 계속 내려오다가 요셉까지 왔는데 이 요셉과 마리아의 부정모혈로 잉태해서 예수님이 태어났다면 범죄 한 아담의 후손이기 때문에 예수님도 죄인으로 보배롭지 못한 피를 가지고 태어나게 됩니다. 그러나 예수님은 하나님의 씨인 말씀이 성령으로 잉태되어서 태어났기에 예수님의 피만 보혈입니다.

범죄한 아담의 후손으로 태어난 이 땅위의 모든 사람들은 다 죄인으로 태어났기에 피가 보배롭지 못하므로 하늘나라에 가려면 반드시 예수님의 보혈로 죄 문제를 해결 받아야 합니다. 이것을 구속(죄사함, 죄씻음)이라고 합니다.

그러므로 천국에 가려면 처음 단계인 예수님의 보배로운 피(보혈)로 죄 사함(구속)을 받아야 합니다.

구체적으로 구속이 되시는 예수 그리스도의 보혈은…

(1) 예수님의 피는 죄에서 해방(구속)하여 영생을 얻게 하는 피입니다.

● (출애굽기 12:21-23)
21 모세가 이스라엘 모든 장로를 불러서 그들에게 이르되 너희는 나가서 너희 가족대로 어린 양을 택하여 유월절 양으로 잡고 22 너희는 우슬초 묶음을 취하여 그릇에 담은 피에 적시어서 그 피를 문 인방과 좌우 설주에 뿌리고 아침까지 한 사람도 자기 집 문 밖에 나가지 말라 23 여호와께서 애굽 사람을 치러 두루 다니실 때에 문 인방과 좌우 설주의 피를 보시면 그 문을 넘으시고 멸하는 자로 너희 집에 들어가서 너희를 치지 못하게 하실 것임이니라

● (출애굽기 34:25)
너는 내 희생의 피를 유교병과 함께 드리지 말며 유월절 희생을 아

침까지 두지 말지며

● (누가복음 22:7-8)
7 유월절 양을 잡을 무교절일이 이른지라 8 예수께서 베드로와 요한을 보내시며 가라사대 가서 우리를 위하여 유월절을 예비하여 우리로 먹게 하라

● (마태복음 26:26-28)
26 저희가 먹을 때에 예수께서 떡을 가지사 축복하시고 떼어 제자들을 주시며 가라사대 받아 먹으라 이것이 내 몸이니라 하시고 27 또 잔을 가지사 사례하시고 저희에게 주시며 가라사대 너희가 다 이것을 마시라 28 이것은 죄 사함을 얻게 하려고 많은 사람을 위하여 흘리는바 나의 피 곧 언약의 피니라

● (고린도전서 5:7)
너희는 누룩 없는 자인데 새 덩어리가 되기 위하여 묵은 누룩을 내어 버리라 우리의 유월절 양 곧 그리스도께서 희생이 되셨느니라

위의 말씀은 유월절 양에 대한 내용인데 이것은 십자가에 죽으실 예수님의 그림자요 모형이요 상징으로 양이나 염소를 가져다 드렸습니다. '죄 때문에 죽을 수밖에 없는 나대신 네가 죽어라'는 의미로 양이나 염소를 대신 잡아서 드린 것입니다. 이것을 '희생을 당하셨다'라고 합니다.

예수님의 피를 '희생의 피'라고 하는 이유는 "우리는 지옥에 갈

수 밖에 없고 영원히 멸망당할 수밖에 없는데 예수님이 대신 십자가에 피 흘려주시는 희생을 하셨다"는 뜻입니다. 희생은 귀한 것입니다. 나라를 위해서나 가정을 위해서 회사를 위해서나 희생은 귀한 것입니다.

예수님의 피가 희생 중에 가장 귀한 희생인 것은 지옥에 갈 수밖에 없는 우리의 죄를 일차(첫 단계)적으로 씻어서 영생을 얻게 해 주시는 희생이니 얼마나 귀한 희생입니까? 그래서 베드로전서 1장 19절은 이것을 "금이나 은이나 그 무엇과도 비교할 수 없는 보배로운 피"라고 했습니다.

● (요한계시록 1:5)
또 충성된 증인으로 죽은 자들 가운데서 먼저 나시고 땅의 임금들의 머리가 되신 예수 그리스도로 말미암아 은혜와 평강이 너희에게 있기를 원하노라 우리를 사랑하사 그의 피로 우리 죄에서 우리를 해방하시고(1)
(1)어떤 사본에 우리 죄를 씻으시고

위의 말씀은 '죄에서 해방한 피(죄에서 씻은피)'라고 했습니다. 죄의 본체는 마귀인데 이 마귀에게 사로잡혀 죄만 지으며 사는 우리를 예수님의 피로 일차(첫 단계)적으로 해방(씻어)시켜서 하늘나라에서 영원히 살게 해 주시니 얼마나 예수그리스도의 피가 보배로운 피입니까?

(2) 예수님의 피는 참된 음료입니다.

● (요한복음 6:52-55)

52 이러므로 유대인들이 서로 다투어 가로되 이 사람이 어찌 능히 제 살을 우리에게 주어 먹게 하겠느냐 53 예수께서 이르시되 내가 진실로 진실로 너희에게 이르노니 인자의 살을 먹지 아니하고 인자의 피를 마시지 아니하면 너희 속에 생명이 없느니라 54 내 살을 먹고 내 피를 마시는 자는 영생을 가졌고 마지막 날에 내가 그를 다시 살리리니 55 내 살은 참된 양식이요 내 피는 참된 음료로다

이 세상에는 여러 종류의 많은 음료가 있습니다. 이것들은 육신을 위해서 마시는 음료 입니다.이 세상의 어떤 음료도 참된 것이 될 수 없습니다. 왜냐하면 영생을 얻게 하지 못하기 때문입니다. 그러나 예수님의 피는 일차(첫 단계)적으로 영생을 얻게 하기 때문에 참된 음료입니다.

(3) 예수님의 피는 교회를 사신 하나님의 피 입니다.

● (사도행전 20:28)

너희는 자기를 위하여 또는 온 양떼를 위하여 삼가라 성령이 저들 가운데 너희로 감독자를 삼고 하나님이 자기 피로 사신 교회를 치게 하셨느니라

19 예수께서 대답하여 가라사대 너희가 이 성전을 헐라 내가 사흘 동안에 일으키리라 20 유대인들이 가로되 이 성전은 사십육 년 동안에 지었거늘 네가 삼 일 동안에 일으키겠느뇨 하더라 21 그러나 예수는 성전된 자기 육체를 가리켜 말씀하신 것이라 22 죽은 자 가운데서 살아나신 후에야 제자들이 이 말씀하신 것을 기억하고 성경과 및 예수의 하신 말씀을 믿었더라

교회는 교회생활 잘하여 영생을 얻게 하시려고 이 땅 위에 세우신 하나님의 집입니다.

이 교회는 예수님이 십자가에 피 흘려 죽으시고 부활하심으로 말미암아 세우셨습니다.

교회는 하나님의 아들 예수님의 피로 사신 것입니다. 아들의 피로 샀다고 했는데 아들의 몸에는 누구의 피가 흐르고 있습니까? 우리가 다 아는 것처럼 아버지의 피입니다.

로봇은 피가 없지만 이 세상 모든 아들들의 몸에는 아버지의 피가 흐르고 있습니다. 그렇기 때문에 "예수님의 피로 사신 교회"를 '하나님이 자기 피로 사신 교회'라고 했습니다.

(4) 예수님의 피는 보배로운 피 입니다.

18 너희가 알거니와 너희 조상의 유전한 망령된 행실에서 구속된 것은 은이나 금같이 없어질 것으로 한 것이 아니요 19 오직 흠 없고 점 없는 어린 양 같은 그리스도의 보배로운 피로 한 것이니라

왜 예수님의 피는 이 세상의 그 어떤 값있고 또 가치있는 것들과도 비교할 수 없이 귀한 보배로운 피인가요?

●(예레미야 2:22)
주 여호와 내가 말하노라 네가 잿물로 스스로 씻으며 수다한 비누를 쓸지라도 네 죄악이 오히려 내 앞에 그저 있으리니

위의 말씀과 같이 잿물로도 수다한 비누로도 죄악을 씻을 수 없는 구속(죄 사함, 죄 씻음)의 피이기 때문입니다.

3. 구속받는 방법

(1) 회개해야 합니다.

1-1. 돌아온 탕자처럼 하나님 아버지께 돌아와서 회개할 것

●(누가복음 15:20-21)
20 이에 일어나서 아버지께 돌아가니라 아직도 상거가 먼 데 아버

지가 저를 보고 측은히 여겨 달려가 목을 안고 입을 맞추니 21 아들이 가로되 아버지여 내가 하늘과 아버지께 죄를 얻었사오니 지금부터는 아버지의 아들이라 일컬음을 감당치 못하겠나이다 하나

1-2. 예수 그리스도께서 비유로 말씀하신 성전에 올라가서 가슴치며 회개한 세리처럼 회개할 것

● (누가복음 18 : 13)
세리는 멀리 서서 감히 눈을 들어 하늘을 우러러 보지도 못하고 다만 가슴을 치며 가로되 하나님이여 불쌍히 여기옵소서 나는 죄인이로소이다 하였느니라

1-3. 예수 그리스도께서 고라신과 벳새다에게 경고하신 것처럼 베옷을 입고 재에 앉아 회개할 것

● (마태복음 11 : 20-24)
20 예수께서 권능을 가장 많이 베푸신 고을들이 회개치 아니하므로 그 때에 책망하시되 21 화가 있을진저 고라신아 화가 있을진저 벳새다야 너희에게서 행한 모든 권능을 두로와 시돈에서 행하였더면 저희가 벌써 베옷을 입고 재에 앉아 회개하였으리라 22 내가 너희에게 이르노니 심판 날에 두로와 시돈이 너희보다 견디기 쉬우리라 23 가버나움아 네가 하늘에까지 높아지겠느냐 음부에까지 낮아지리라 네게서 행한 모든 권능을 소돔에서 행하였더면 그 성이 오늘날까지 있었으리라 24 내가 너희에게 이르노니 심판 날에

소돔 땅이 너보다 견디기 쉬우리라 하시니라

① 베옷을 입고 : 애통하며 ② 재에 앉아 : 심판받아 지옥으로 가게 될 줄을 알고 ③ 회개하였으리라 : 돌이켰으리라

(2) 예수님의 보혈로 구속 받아야 합니다.

2-1. 오직 자아와 욕심이 전혀 없으신 예수님의 보혈만이 구속할 수 있고 또 구속 받아야 합니다

● (베드로전서 1:18-19)

18 너희가 알거니와 너희 조상의 유전한 망령된 행실에서 구속된 것은 은이나 금같이 없어질 것으로 한 것이 아니요 19 오직 흠 없고 점 없는 어린 양 같은 그리스도의 보배로운 피로 한 것이니라

● (골로새서 1:13-14)

13 그가 우리를 흑암의 권세에서 건져내사 그의 사랑의 아들의 나라로 옮기셨으니 14 그 아들 안에서 우리가 구속 곧 죄 사함을 얻었도다

2-2. 그리스도의 풍성한 은혜로 말미암아 보혈로 구속 받아야 합니다

● (에베소서 1:7)

우리가 그리스도 안에서 그의 은혜의 풍성함을 따라 그의 피로 말미암아 구속 곧 죄 사함을 받았으니

4. 구속 받은 사례

(1) 에서의 장자 명분을 사려고 팥죽을 준 야곱

●(창세기 25:31-34)
31 야곱이 가로되 형의 장자의 명분을 오늘날 내게 팔라 32 에서가 가로되 내가 죽게 되었으니 이 장자의 명분이 내게 무엇이 유익하리요 33 야곱이 가로되 오늘 내게 맹세하라 에서가 맹세하고 장자의 명분을 야곱에게 판지라 34 야곱이 떡과 팥죽을 에서에게 주매 에서가 먹으며 마시고 일어나서 갔으니 에서가 장자의 명분을 경홀히 여김이었더라

성경에는 구속이 되신 예수님의 보혈의 피로 구속을 받는 말씀과 상징이 여기저기 기록되어 있는데 첫째로 야곱의 경우입니다. 야곱이 리브가의 뱃속에서부터 큰 아들로 태어나려고 형 에서하고 싸우다가 둘째 쌍둥이로 태어났습니다. 그런 야곱은 기회만 있으면 형의 장자 명분을 뺏으려고 기회를 노리다가 어느 날 형이 사냥을 나갔다가 빈손으로 돌아왔는데, 마침 몹시 시장한 형을 보고 떡과 팥죽으로 나에게 장자 명분을 팔라고 했습니다. 에서는 너무 지쳤고 배가 고픈 나머지 장자 명분을 팔았고 야곱이 장자 명분을 소유한 자가 되었습니다.

여기서 팥죽은 십자가에서 흘려주신 예수님의 구속의 보혈을 상징하고 떡은 부활하신 예수님을 말합니다. 그래서 야곱이 지금

떡과 팥죽을 형에게 주고 장자 명분을 소유한 것은 십자가에 피 흘려 죽어주신 예수님의 보배로운 피로 죄 사함 곧 구속받고 부활하신 예수님으로 말미암아 하나님의 아들로 거듭났다는 진리를 보여준 것입니다.

● (히브리서 12:16)

이 말씀은 히브리서 기자가 창세기 25장의 말씀을 해석해서 기록한 것인데, 장자 명분을 팥죽 한 그릇에 팔아버린 에서의 측면에서 히브리서 기자가 해석해서 기록한 것입니다.

장자 명분을 사고 판 것은 야곱의 입장과 에서의 입장이 있는데 이 두 입장이 영생을 얻는 진리를 보여주고 있습니다.

야곱의 입장에서는 팥죽이 우리의 죄를 구속해 주는 십자가에서 흘려주신 보배로운 피라는 진리를 보여주며, 에서의 입장에서는 팥죽 한 그릇에 장자 명분을 팔아버린 것은 물질에 눈이 어두워서 장자 명분을 팔아버렸다는 진리를 보여주는 것입니다.

다시 말하면 우리가 물질 때문에 영생을 얻을 수 있는 기회나 오직 예수 신앙을 버리면 멸망을 받게 된다는 진리를 보여주고 있습니다.

(2) 애굽에서 자기 집의 문 인방과 설주에 유월절 어린양의 피를 바른 이스라엘 백성

● (출애굽기 12:21-23)
21 모세가 이스라엘 모든 장로를 불러서 그들에게 이르되 너희는 나가서 너희 가족대로 어린 양을 택하여 유월절 양으로 잡고 22 너희는 우슬초 묶음을 취하여 그릇에 담은 피에 적시어서 그 피를 문 인방과 좌우 설주에 뿌리고 아침까지 한 사람도 자기 집 문 밖에 나가지 말라 23 여호와께서 애굽 사람을 치러 두루 다니실 때에 문 인방과 좌우 설주의 피를 보시면 그 문을 넘으시고 멸하는 자로 너희 집에 들어가서 너희를 치지 못하게 하실 것임이니라

● (출애굽기 12:29)
밤중에 여호와께서 애굽 땅에서 모든 처음 난 것 곧 위에 앉은 바로의 장자로부터 옥에 갇힌 사람의 장자까지와 생축의 처음 난 것을 다 치시매

이스라엘 백성들이 애굽에서 약 400년 동안 살고 있었는데 바로가 얼마나 괴롭혔는지 모릅니다. 하나님께서 이스라엘 백성의 고통과 부르짖음을 듣고 모세를 보내어 너희 동족을 출애굽 시켜서 젖과 꿀이 흐르는 가나안 땅으로 인도하라는 소명을 주셨습니다.

모세가 바로에게 9가지 재앙을 행하면서 내 백성을 보내라고 했으나 바로의 마음이 강퍅하여 듣지를 않았습니다. 10가지 재

앙 중에 마지막 '장자가 죽는 재앙'을 통해 바로가 항복을 했습니다.

10번째 재앙은 1년 된 흠 없는 숫양을 잡아가지고 그 피를 문인방과 설주에 바르기만 하면 장자와 가축들의 첫 새끼들이 죽음을 면하게 되고 반면에 피를 바르지 않는 곳은 죽임을 당하게 되는 재앙입니다.

● (출애굽기 12:5-7)
5 너희 어린 양은 흠 없고 일 년 된 수컷으로 하되 양이나 염소 중에서 취하고 6 이 달 십사일까지 간직하였다가 해질 때에 이스라엘 회중이 그 양을 잡고 7 그 피로 양을 먹을 집문 좌우 설주와 인방에 바르고

문인방과 설주는 이스라엘 백성들의 마음을 의미하고 일년 된 흠 없는 숫양은 죄 없으신 예수님을 의미 하는데 이는 요한복음 1장 29절에 "세상 죄를 지고 가는 하나님의 어린 양이로다"라고 하신 말씀입니다.

문인방과 설주에 숫양의 피를 바른 것은 십자가에 흘리신 예수님의 보혈의 피로 회개하고 마음의 죄를 구속(씻음) 받았다는 말입니다. 그날 밤에 장자는 다 잡아 죽이는데 숫양의 피를 바른 집의 장자가 죽지 않은 것은 보혈로 인하여 마음의 죄를 구속(씻음)받고 의롭다하심(칭의)을 얻었기 때문입니다.

● (마태복음 26:27-28)

27 또 잔을 가지사 사례하시고 저희에게 주시며 가라사대 너희가 다 이것을 마시라 28 이것은 죄 사함을 얻게 하려고 많은 사람을 위하여 흘리는바 나의 피 곧 언약의 피니라

● (로마서 5:9-10)

9 그러면 이제 우리가 그 피를 인하여 의롭다 하심을 얻었은즉 더욱 그로 말미암아 진노하심에서 구원을 얻을 것이니 10 곧 우리가 원수 되었을 때에 그 아들의 죽으심으로 말미암아 하나님으로 더불어 화목 되었은즉 화목된 자로서는 더욱 그의 살으심을 인하여 구원을 얻을 것이니라

구속의 단계(1단계)의 요약 정리

1. 구속의 의미 : 죄를 사해 준다, 씻어 준다는 뜻
   (엡1:7 / 골1:14)

2. 구속의 근원 : 오직 예수님의 보혈만이 근원이 되심
   (고전1:30 / 골1:14 / 벧전1:18-19)
   ■ 구속이 되시는 예수님의 보혈은
   ① 죄에서 해방함(계1:5 / 출12:22-23 / 마26:26-28)
   ② 참된 음료임(요6:52-55)
   ③ 교회를 사신 하나님의 피임(행20:28)
   ④ 보배로운 피임(벧전1:18-19)

3. 구속 받는 방법
   ① 회개해야 함(눅18:13 / 눅15:20-21)
   ② 예수님의 보혈로 구속 받아야 함(엡1:7)

4. 구속 받은 사례
   ① 에서의 장자 명분을 팥죽으로 산 야곱(창25:31-34)
   ② 자기 집의 문 인방과 설주에 유월절 어린양의 피를 바른
      이스라엘 백성(출12:5-7 / 12:21-23)

중생

1. 중생(거듭남 Born Again)의 의미

● (베드로전서 3:4)

오직 마음에 숨은 사람을 온유하고 안정한 심령의 썩지 아니할 것
으로 하라 이는 하나님 앞에 값진 것이니라

농부가 뿌린 씨가 싹이 나는 것처럼, 뱃속의 태아가 태어난 것
처럼, 마음에 숨은 사람 곧 영이 태어난 것을 거듭 났다고 합니
다.

● (요한복음 3:1-10)

1 바리새인 중에 니고데모라 하는 사람이 있으니 유대인의 관원이
라 2 그가 밤에 예수께 와서 가로되 랍비여 우리가 당신은 하나님

께로서 오신 선생인 줄 아나이다 하나님이 함께 하시지 아니하시면 당신의 행하시는 이 표적을 아무라도 할 수 없음이니이다 3 예수께서 대답하여 가라사대 진실로 진실로 네게 이르노니 사람이 거듭나지 아니하면 하나님 나라를 볼 수 없느니라 4 니고데모가 가로되 사람이 늙으면 어떻게 날 수 있삽나이까 두 번째 모태에 들어갔다가 날 수 있삽나이까 5 예수께서 대답하시되 진실로 진실로 네게 이르노니 사람이 물과 성령으로 나지 아니하면 하나님 나라에 들어갈 수 없느니라 6 육으로 난 것은 육이요 성령으로 난 것은 영이니 7 내가 네게 거듭나야 하겠다 하는 말을 기이히 여기지 말라 8 바람이 임의로 불매 네가 그 소리를 들어도 어디서 오며 어디로 가는지 알지 못하나니 성령으로 난 사람은 다 이러하니라 9 니고데모가 대답하여 가로되 어찌 이러한 일이 있을 수 있나이까 10 예수께서 가라사대 너는 이스라엘의 선생으로서 이러한 일을 알지 못하느냐

위의 말씀에서 유대인의 관원 니고데모가 예수님께 거듭남에 대해서 질문했을 때 예수님께서는 사람이 거듭나지 않으면 하나님 나라를 볼 수 없다고 하셨습니다. 이에 대한 어떻게 사람이 두 번이나 태어날 수 있느냐는 니고데모의 질문에 예수 그리스도께서는 사람이 물과 성령으로 말미암아 거듭나야한다고 하시면서 육으로 난 것이 아닌 성령으로 다시 난 것이 영이라고 대답하셨습니다.

이 말씀의 거듭난다는 것은 마음속에 있는 영(벧전3:4)이 태어난다는 의미입니다. 모든 사람이 다 영이 있는데 이 영이 죄와

마귀에게 사로잡혀 있습니다. 이 죄와 마귀에게 사로잡혀 있는 영이 하나님의 자녀로 태어납니다. 마치 뱃속의 태아가 아기 보에 싸여 있다가 열달이 되어서 아기 보를 찢어서 태어나듯 말입니다.

● (베드로전서 1:3)
찬송하리로다 우리 주 예수 그리스도의 아버지 하나님이 그 많으신 긍휼대로 예수 그리스도의 죽은 자 가운데서 부활하심으로 말미암아 우리를 거듭나게 하사 산 소망이 있게 하시며

위의 말씀은 부활의 예수 그리스도께서 소제물로 십자가에 죽으시고 부활하신 그 부활의 생명으로 마귀의 자식들을 하나님의 자녀로 중생(거듭남)하게 하셨다는 말씀입니다.

● (에베소서 2:1)
너희의 허물과 죄로 죽었던 너희를 살리셨도다

● (에베소서 2:5)
허물로 죽은 우리를 그리스도와 함께 살리셨고 〔너희가 은혜로 구원을 얻은 것이라〕

위의 말씀은 허물과 죄로 영이 죽은 자들인 에베소교회 성도들을 십자가에 죽으시고 부활하신 그 부활의 생명으로 그리스도께서 하나님의 자녀로 중생(거듭남)하게 하셨다는 말씀입니다.

위의 말씀은 허물과 죄로 죽은 자들인 골로새 교회 성도들을 십자가에 죽으시고 부활하신 그 부활의 생명으로 그리스도께서 하나님의 자녀로 중생(거듭남)하게 하셨다는 말씀입니다.

2. 중생(거듭남)의 비결

이 세상에 태어난 모든 사람에 대해 성경에서는 다음과 같이 나와 있습니다.

에베소서 2장 1절-3절에는 '죄와 허물로 죽은 자 곧 본질상 진노의 자식'으로
로마서 5장 12절, 6장 17절-18절에는 '모든 사람은 죄인'으로 '본래 죄의 종'으로
요한복음 8장 44절에는 '마귀의 자식'으로
베드로후서 2장 12절에는 '멸망 가운데 멸망을 당할 자'로 태어났다고 기록되어 있습니다.

즉 우리는 지옥에 갈 수밖에 없이 태어났다는 것입니다. 이런

우리가 어떻게 하늘나라에 갈 수 있습니까? 방법은 1차(첫단계)적으로 구속받고 2차(둘째단계)적으로 오직 중생케 하시는 예수님을 통해서 하나님의 자녀로 태어나야만 됩니다.

　그러면 어떻게 해야 하나님의 자녀로 중생(거듭남, Born Again)하게 될까요? 이제 하나님의 자녀로 태어나기 위한 중생의 비결에 대해서 말씀드리겠습니다.

(1) 예수 그리스도의 부활의 생명으로

● (베드로전서 1:3)
찬송하리로다 우리 주 예수 그리스도의 아버지 하나님이 그 많으신 긍휼대로 예수 그리스도의 죽은 자 가운데서 부활하심으로 말미암아 우리를 거듭나게 하사 산 소망이 있게 하시며

십자가에서 죽으시고 사흘 만에 부활하신 예수님께서 죄악으로 인해 죽은 마음속에 숨은 사람인 영을 예수님의 부활의 생명으로 말미암아 다시 태어나게 합니다.

(2) 중생(거듭남)하게 하는 성령의 은혜로

● (요한복음 3:3-7)
3 예수께서 대답하여 가라사대 진실로 진실로 네게 이르노니 사람

이 거듭나지 아니하면 하나님 나라를 볼 수 없느니라 4 니고데모가 가로되 사람이 늙으면 어떻게 날 수 있삽나이까 두 번째 모태에 들어갔다가 날 수 있삽나이까 5 예수께서 대답하시되 진실로 진실로 네게 이르노니 사람이 물과 성령으로 나지 아니하면 하나님 나라에 들어갈 수 없느니라 6 육으로 난 것은 육이요 성령으로 난 것은 영이니 7 내가 네게 거듭나야 하겠다 하는 말을 기이히 여기지 말라

중생(거듭남)케 하시는 성령의 은혜로 마음속에 숨은 사람인 영이 하나님의 어린 자녀로 태어나게 되는 것입니다.

이러므로 에베소서 2장 8절 말씀에서 "너희가 그 은혜(성령)을 인하여 믿음으로 말미암아 구원을 얻었나니 이것이 너희에게서 난 것이 아니요 하나님의 선물이라" 한 것입니다.

(3) 중생(거듭남)하게 하는 하나님의 말씀의 씨로

● (베드로전서 1:23)
너희가 거듭난 것이 썩어질 씨로 된 것이 아니요 썩지 아니할 씨로 된 것이니 하나님의 살아 있고 항상 있는 말씀으로 되었느니라

자연계의 모든 씨는 썩지만 영원히 썩지 아니할 씨가 있는데 이것이 하나님의 말씀입니다. 이 썩지 아니할 씨의 말씀에 의해서 영이 태어나게 됩니다.

우리가 하나님의 어린 자녀로 거듭나기 위해서는 앞에서 말씀 드린 대로 예수그리스도의 부활의 생명과 성령의 은혜와 거듭나 게 하는 하나님의 말씀의 씨로 되는 것입니다. 이것이 중생(거듭 남)의 비결인 것입니다.

3. 중생한(거듭남, Born again) 자와 하나님께로 난(Born of God) 자

첫째는 사람이 어머니 뱃속에서 열 달 있다가 태어난 갓난아이 와 같은 하나님의 어린 자녀 상태의 거듭난 차원이 있고, 두 번째 는 어린애가 자라서 사람다운 사람 어른이 되는 것처럼 하나님의 온전한 자녀로써 "하나님께로서의 난 자"의 차원이 있습니다.

(1) 새싹 같은 중생한(거듭남, Born again) 자

● (마태복음 13:5-6)
5 더러는 흙이 얇은 돌밭에 떨어지매 흙이 깊지 아니하므로 곧 싹 이 나오나 6 해가 돋은 후에 타져서 뿌리가 없으므로 말랐고

● (마태복음 13:20-21)
20 돌밭에 뿌리웠다는 것은 말씀을 듣고 즉시 기쁨으로 받되 21

그 속에 뿌리가 없어 잠시 견디다가 말씀을 인하여 환난이나 핍박

이 일어나는 때에는 곧 넘어지는 자요

마태복음 13장 3절부터 8절에서 예수님께서 씨 뿌린 비유를 말씀하셨는데 그 중에 위의 내용은 돌밭에 뿌린 씨가 싹이 나왔는데 해가 돋은 후에 뿌리가 없어서 말랐다고 하시면서 비유로 설명 하셨습니다.

싹이 났다는 것은 베드로전서 1장 23절에서 나오는 거듭나게 하는 항상 살아있는 썩지 아니할 씨의 하나님의 말씀을 듣고 영이 태어났다는 것을 의미합니다. 해가 돋은 후에 말랐다고 했는데 이것은 태어난 영이 어리고 약하기 때문에 환난이나 핍박을 이길 힘이 없어 넘어지는 것을 말합니다.

우리 주변에도 하나님의 자녀로 영이 태어나 거듭은 났는데 여러 가지 어려움이나 고통이 오면 견디지 못하여서 넘어지는 자를 많이 보게 됩니다.

(2) 하나님의 온전한 자녀로 하나님께로서 난(Born of God) 자

● (요한복음 1:12-13)

12 영접하는 자 곧 그 이름을 믿는 자들에게는 하나님의 자녀가 되는 권세를 주셨으니 13 이는 혈통으로나 육정으로나 사람의 뜻으로 나지 아니하고 오직 하나님께로서 난 자들이니라

　위의 말씀은 하나님의 자녀인데 권세를 가진 자녀를 말합니다. 하나님의 자녀이면서 얼마나 많은 성도들이 마귀 사탄의 시험으로 여러 가지 환난을 당해 넘어집니까? 이것은 권세가 없기 때문입니다. 이 권세를 가진 하나님의 자녀를 하나님께로서 난 자들이라고 합니다.

● (요한일서 3:9)
하나님께로서 난 자마다 죄를 짓지 아니하나니 이는 하나님의 씨가 그의 속에 거함이요 저도 범죄치 못하는 것은 하나님께로서 났음이라

　여기서는 하나님께로 난 자는 죄를 짓지 않고 범죄치도 않는다고 했습니다.

● (요한일서 5:18)
하나님께로서 난 자마다 범죄치 아니하는 줄을 우리가 아노라 하나님께로서 나신 자가 저를 지키시매 악한 자가 저를 만지지도 못하느니라

　또 하나님께로 난 자는 하나님이 지키시매 악한 자가 만지지도 못한다고 했습니다.

　위의 말씀을 종합해 보면 하나님께로서 난 자는 어린아이 상태의 하나님의 자녀가 아닌 장성한 하나님의 자녀이기에 권세를 가졌고 권세를 가졌기에 악한 자가 만지지도 못하고 죄를 짓지

도 않는다고 했습니다. 그러면 어떻게 죄를 짓지 않으며 악한 자가 만지지도 못하는 온전한 하나님의 자녀인 하나님께로 난 자가 될 수 있을까요?

● (야고보서 1:18)
그가 그 조물 중에 우리로 한 첫 열매가 되게 하시려고 자기의 뜻을 좇아 진리의 말씀으로 우리를 낳으셨느니라

한 첫 열매가 되게 하시려고 진리의 말씀으로 낳으셨다는 것은 고린도전서 3장 1절에서 3절 '신령한 자가 되도록 하는 밥의 말씀'과 히브리서 4장 12절의 '검의 말씀'과 히브리서 5장 11절에서 14절에 나오는 '장성한 자의 것인 단단한 식물'로 표현된 진리의 말씀으로 충만하여 자아와 욕심을 처리하여 온전하신 예수님의 형상과 모양을 닮은 자들인 알곡을 낳으셨다는 뜻입니다.

● (마태복음 3:12)
손에 키를 들고 자기의 타작 마당을 정하게 하사 알곡은 모아 곡간에 들이고 쭉정이는 꺼지지 않는 불에 태우시리라

하신 말씀대로 하나님께로 난 자는 천국 곡간에 들이는 알곡입니다.

● (요한계시록 14:14-16)
14 또 내가 보니 흰 구름이 있고 구름 위에 사람의 아들과 같은 이

가 앉았는데 그 머리에는 금면류관이 있고 그 손에는 이한 낫을 가졌더라 15 또 다른 천사가 성전으로부터 나와 구름 위에 앉은 이를 향하여 큰 음성으로 외쳐 가로되 네 낫을 휘둘러 거두라 거둘 때가 이르러 땅에 곡식이 다 익었음이로다 하니 16 구름 위에 앉으신 이가 낫을 땅에 휘두르매 곡식이 거두어지니라

이 알곡 성도는 이 땅에 있을 때 다 익은 성도입니다.

● (마가복음 4:20)
좋은 땅에 뿌리웠다는 것은 곧 말씀을 듣고 받아 삼십 배와 육십 배와 백 배의 결실을 하는 자니라

하나님께로 난 자는 전혀 흠이 없는 잘 익은 열매입니다.

● (베드로후서 1:5-9)
5 이러므로 너희가 더욱 힘써 너희 믿음에 덕을, 덕에 지식을, 6 지식에 절제를, 절제에 인내를, 인내에 경건을, 7 경건에 형제 우애를, 형제 우애에 사랑을 공급하라 8 이런 것이 너희에게 있어 흡족한즉 너희로 우리 주 예수 그리스도를 알기에 게으르지 않고 열매 없는 자가 되지 않게 하려니와 9 이런 것이 없는 자는 소경이라 원시치 못하고 그의 옛 죄를 깨끗케 하심을 잊었느니라

믿음에서 시작하여 사랑을 공급하는 8단계로 완성된 자가 하나님께로 난 자입니다. 이와 같이 반드시 하나님께로 난 온전한

자가 되어야 베드로전서 3장에 나오는 것처럼 노아의 8식구가
물 심판을 받지 아니하고 구원 얻은 것처럼 재림 심판 받지 않고
종말에 구원을 얻는 자가 될 수 있습니다.

4. 중생(거듭남)의 결과

그러면 중생(거듭난 자)한 자에게는 어떤 결과가 나타날까요?

(1) 예수를 주(主)라고 시인하는 신앙

● (로마서 10:9)
네가 만일 네 입으로 예수를 주로 시인하며 또 하나님께서 그를 죽
은 자 가운데서 살리신 것을 네 마음에 믿으면 구원을 얻으리니

● (마태복음 16:15-16)
가라사대 너희는 나를 누구라 하느냐 16 시몬 베드로가 대답하여
가로되 주는 그리스도시요 살아 계신 하나님의 아들이시니이다

● (사도행전 9:3-5)
3 사울이 행하여 다메섹에 가까이 가더니 홀연히 하늘로서 빛이
저를 둘러 비추는지라 4 땅에 엎드러져 들으매 소리 있어 가라사

대 사울아 사울아 네가 어찌하여 나를 핍박하느냐 하시거늘 5 대
답하되 주여 뉘시오니이까 가라사대 나는 네가 핍박하는 예수라

위의 말씀은 마귀의 자식, 마귀의 종으로 태어난 우리가 하나
님의 자녀로 거듭나게 되면 하나님을 아버지로 믿고 또 아버지
로 부르고, 예수님을 하나님의 아들로 믿고 또 입으로 예수를 주
로 시인하게 된다는 말씀입니다.

(2) 하늘에 간직하신 유업을 얻게
　　 산 소망을 갖게 하는 신앙

● (베드로전서 1:3-4)
찬송하리로다 우리 주 예수 그리스도의 아버지 하나님이 그 많으
신 긍휼대로 예수 그리스도의 죽은 자 가운데서 부활하심으로 말
미암아 우리를 거듭나게 하사 산 소망이 있게 하시며 4 썩지 않고
더럽지 않고 쇠하지 아니하는 기업을 잇게 하시나니 곧 너희를 위
하여 하늘에 간직하신 것이라

위의 말씀은 거듭나기 전에는 세상에다 소망을 두고 살지만
거듭나게 되면 하나님 아버지가 계시는 천국(영생)에 대한 소망
이 생기고 사모하게 되며 또 하나님께서 하나님의 자녀를 위하
여 하늘에 기업을 간직 하셨다고 믿게 된다는 말씀입니다.

(3) 하나님 나라(심령 천국)를 볼 수 있고 들어갈 수 있는 신앙

● (요한복음 3:3-8)

3 예수께서 대답하여 가라사대 진실로 진실로 네게 이르노니 사람
이 거듭나지 아니하면 하나님 나라를 볼 수 없느니라 4 니고데모
가 가로되 사람이 늙으면 어떻게 날 수 있삽나이까 두 번째 모태에
들어갔다가 날 수 있삽나이까 5 예수께서 대답하시되 진실로 진실
로 네게 이르노니 사람이 물과 성령으로 나지 아니하면 하나님 나
라에 들어갈 수 없느니라 6 육으로 난 것은 육이요 성령으로 난 것
은 영이니 7 내가 네게 거듭나야 하겠다 하는 말을 기이히 여기지
말라 8 바람이 임의로 불매 네가 그 소리를 들어도 어디서 오며 어
디로 가는지 알지 못하나니 성령으로 난 사람은 다 이러하니라

위의 말씀에서 예수님께서 니고데모에게 거듭난 자(중생한
자)가 볼 수도 있고 들어갈 수도 있다고 하신 하나님의 나라는
거듭난 자(중생한 자)에게 주시는 성령을 받은 성도의 심령이 누
리는 심령 천국을 말씀하신 것입니다.

● (마태복음 5:2-3)

2 입을 열어 가르쳐 가라사대 3 심령이 가난한 자는 복이 있나니
천국이 저희 것임이요

● (누가복음 17:21)

또 여기 있다 저기 있다고도 못하리니 하나님의 나라는 너희 안에

있느니라

● (로마서 14:17)
하나님의 나라는 먹는 것과 마시는 것이 아니요 오직 성령 안에서
의와 평강과 희락이라

(추가 말씀 : 고린도전서 3:16-17, 6:19 / 골로새서 1:13-14)

위의 말씀에서 하나님 나라는 미래의 완성된 하나님 나라(천
국)를 의미하는 것이 아니라 심령천국을 말씀하신 것입니다.

5. 중생(거듭남)의 사례

그러면 성경에 기록된 중생의 사례에 대해 알아보겠습니다.

(1) 에서의 장자 명분을 떡과 팥죽을 주고 산 야곱

● (창세기 25:31-34)
31 야곱이 가로되 형의 장자의 명분을 오늘날 내게 팔라 32 에서
가 가로되 내가 죽게 되었으니 이 장자의 명분이 내게 무엇이 유익
하리요 33 야곱이 가로되 오늘 내게 맹세하라 에서가 맹세하고 장

자의 명분을 야곱에게 판지라 34 야곱이 떡과 팥죽을 에서에게 주매 에서가 먹으며 마시고 일어나서 갔으니 에서가 장자의 명분을 경홀히 여김이었더라

쌍둥이 형제인 장자 에서와 차자 야곱을 잘 아시지요?

장자의 명분은 장자 중에 장자인 예수 그리스도를 의미 하는데 야곱이 차자인 것으로 보아 영생 얻게 하는 예수님이 없는 상태, 곧 하나님의 자녀로 거듭나지 못한 상태였다는 것을 알 수 있습니다. 그래서 떡과 팥죽을 주며 형에게 장자의 명분을 사는데 팥죽은 예수님의 보혈로 구속함(죄사함)을 받는 것이고, 떡은 부활하신(무교병 되신) 예수님을 상징하는 것으로 야곱이 예수님의 보혈로 구속받고 부활의 생명으로 하나님의 자녀로 중생했음(거듭났음)을 보여준 말씀입니다.

(2) 숙곳에서 무교병을 구운 이스라엘 백성

● (출애굽기 12:37-40)

37 이스라엘 자손이 라암셋에서 발행하여 숙곳에 이르니 유아 외에 보행하는 장정이 육십만 가량이요 38 중다한 잡족과 양과 소와 심히 많은 생축이 그들과 함께 하였으며 39 그들이 가지고 나온 발교되지 못한 반죽으로 무교병을 구웠으니 이는 그들이 애굽에서 쫓겨남으로 지체할 수 없었음이며 아무 양식도 준비하지 못하였음이었더라 40 이스라엘 자손이 애굽에 거주한 지 사백삼십 년이라

출애굽기 12장에는 이스라엘 백성이 1년 된 흠 없는 수양을 잡아 문인방과 좌우 설주에 바르자 죽음의 신이 넘어갔다고 기록되어 있습니다. 바로 유월절 어린양 되신 예수님의 보혈로 구속받은 것을 의미합니다. 라암셋을 떠나 이스라엘 백성이 숙곳에 이르러 무교병(떡)을 구워 먹는데 이 떡이 바로 부활의 예수님을 상징하며, 무교병을 먹었다는 것은 예수님을 마음으로 믿어(영접하여) 부활의 예수님으로 말미암아 하나님의 자녀로 중생했음(거듭났음)을 보여주는 말씀인 것입니다.

(3) 가이사랴 빌립보 지방에 이르러 신앙 고백한 베드로

● (마태복음 16:15-17)
15 가라사대 너희는 나를 누구라 하느냐 16 시몬 베드로가 대답하여 가로되 주는 그리스도시요 살아 계신 하나님의 아들이시니이다 17 예수께서 대답하여 가라사대 바요나 시몬아 네가 복이 있도다 이를 네게 알게 한 이는 혈육이 아니요 하늘에 계신 내 아버지시니라

위의 말씀에서 베드로가 예수님께 "주는 그리스도시요 살아 계신 하나님의 아들이시니이다"라고 대답한 것은 예수를 주라고 시인한 베드로의 신앙으로 이는 하나님의 자녀로 중생했다(거듭났다)는 베드로의 신앙고백입니다.

하나님의 자녀로 거듭난 신앙을 고백한 베드로에게 예수님께서 '네가 복이 있다'고 하신 것은 죄인이요 마귀의 자식이 하나님

의 자녀로 거듭나 하나님의 자녀가 되었으니 복 있다는 말씀인 것입니다. 그리고 예수님께서 베드로에게 '이를 네게 알게 한 이는 혈육이 아니요 하늘에 계신 내 아버지시니라'고 하신 것은 하나님의 자녀로 거듭나는(중생)것은 혈과 육 곧 부정모혈(육신의 부모)에 의해서 되는 것이 아니다 라는 말씀을 하신 것입니다.

(4) 다메섹 도상에서 거꾸러져서 신앙 고백한 바울

● (사도행전 9:3-5)
3 사울이 행하여 다메섹에 가까이 가더니 홀연히 하늘로서 빛이 저를 둘러 비추는지라 4 땅에 엎드러져 들으매 소리 있어 가라사대 사울아 사울아 네가 어찌하여 나를 핍박하느냐 하시거늘 5 대답하되 주여 뉘시오니이까 가라사대 나는 네가 핍박하는 예수라

사울이 다메섹 도상에서 예수님을 만나 '주여 뉘시오니이까'라고 예수님을 주님이라고 부릅니다. 이 말씀은 부활하신 예수님을 마음으로 믿은(영접한) 신앙인데 즉 하나님의 자녀로 중생한(거듭난) 신앙을 고백한 것입니다. 이는 하나님의 자녀로 구원을 받았다는 말씀입니다.

● (로마서 10:9)
네가 만일 네 입으로 예수를 주로 시인하며 또 하나님께서 그를 죽은 자 가운데서 살리신 것을 네 마음에 믿으면 구원을 얻으리니

(5) 하나님이 새마음을 주신 사울 왕

● (사무엘상 10:6, 9)
네게는 여호와의 신이 크게 임하리니 너도 그들과 함께 예언을 하
고 변하여 새사람이 되리라
그가 사무엘에게서 떠나려고 몸을 돌이킬 때에 하나님이 새 마음
을 주셨고 그 날 그 징조도 다 응하니라

사울 왕에게 하나님이 새 사람이 되고 새 마음을 주신 것은 하
나님의 자녀로 중생(거듭난)한 것을 보여주는 말씀입니다.

(6) 번제단에 드린 소제

● (출애굽기 40:29)
또 회막의 성막 문 앞에 번제단을 두고 번제와 소제를 그 위에 드
리니 여호와께서 모세에게 명하신 대로 되니라

성막의 안뜰에 있는 번제단에서 번제와 소제를 드린 것은 보
혈로 구속(죄씻음)받고 부활하신 예수님으로 거듭난(중생한)것
을 보여주는 말씀입니다.

① 번제 : 구속(죄 씻음) 받는 제사
② 소제 : 부활하신 그리스도로 거듭나게 하는 제사

중생(거듭남)의 단계(2단계) 요약정리

1. 중생(거듭남)의 의미 : 마음속에 숨은 사람인 영이 태어난 것(요3:1-10) (엡2:1) (벧전3:4)

2. 중생(거듭남)의 비결
    ① 예수 그리스도의 부활의 생명으로(벧전1:3)
    ② 중생(거듭남)하게 하는 성령의 은혜로(요3:3-7)
    ③ 중생(거듭남)하게 하는 하나님의 말씀의 씨로(벧전1:23)

3. 중생(거듭남)의 차원
    ① 새싹같은 거듭남(Born again)의 차원(마13:5-6)
      (마13:20-21)
    ② 하나님께로서 난 자(Born of God)의 차원(요1:12-13)
      (요일3:9)

4. 중생(거듭남)의 결과
    ① 예수를 주라고 시인함(롬10:9) (마16:15-16)
    ② 하늘에 산 소망을 가짐(벧전1:3-4)
    ③ 하늘나라(심령 천국)를 볼 수 있고 들어갈 수 있음
      (요3:3-8) (눅17:21) (롬14:17)

5. 중생(거듭남)의 사례
    ① 에서의 장자 명분을 산 야곱(창25:31-34)
    ② 숙곳에서 무교병을 먹은 이스라엘 백성(출12:37-40)
    ③ 가이사랴 빌립보 지방에서 신앙 고백한 베드로
      (마16:15-17)
    ④ 다메섹 도상에서 신앙 고백한 바울(행9:3-5)
    ⑤ 하나님이 새 마음을 주신 사울왕(삼상10:6-9)
    ⑥ 번제단에 드린 소제(출40:29)

성령 충만

1. 성령 충만 단계의 의미

하나님의 어린 자녀로 영이 태어난 거듭난 자가 갓 태어난 어린 아기가 엄마 젖을 먹듯이 영의 양식(젖)을 먹는 것과 구원의 확신을 가지도록 마음에 성령으로 인을 치는 것을 말합니다.

구체적으로 설명 하겠습니다.

(1) 하나님의 어린 자녀로 영이 태어난,
곧 중생한 자(거듭난 자)가 영의 양식인 젖을 먹는 것

● (고린도전서 3:1-2)

1 형제들아 내가 신령한 자들을 대함과 같이 너희에게 말할 수 없

어서 육신에 속한 자 곧 그리스도 안에서 어린아이들을 대함과 같이 하노라 2 내가 너희를 젖으로 먹이고 밥으로 아니하였노니 이는 너희가 감당치 못하였음이거니와 지금도 못하리라

• (고린도전서 3:2상) I gave you milk, not solid food

● (히브리서 5:12-13)
12 때가 오래므로 너희가 마땅히 선생이 될 터인데 너희가 다시 하나님의 말씀의 초보가 무엇인지 누구에게 가르침을 받아야 할 것이니 젖이나 먹고 단단한 식물을 못 먹을 자가 되었도다 13 대저 젖을 먹는 자마다 어린아이니 의의 말씀을 경험하지 못한 자요

• (히브리서 5:12하) You need milk, not solid food!

위의 말씀에서 공통적으로 기록된 젖은 영의 양식을 의미합니다.

하나님은 하나님의 어린 자녀로 영이 태어난 중생한 자(거듭난 자)가 영의 양식을 먹도록 성령을 충만히 주시는 분입니다.

세상의 모든 어린아이가 태어나서 어머니의 젖을 먹고 때가 되면 이유식하고 밥을 먹으면서 어른이 되는 것처럼 하나님께서 예수님을 통해 부어 주시는 성령 충만을 받아야만 하나님의 자녀로 갓 태어난 자들이 젖의 말씀을 먹게 됩니다. 그리하여 젖의 말씀을 먹는 '어린아이의 믿음' 차원이 되는 것입니다. 이러므로 젖의 말씀을 먹었다고 해서 장성한 어른(알곡)이 되는 것은 아닙니다.

이런 진리를 모르고 오늘날 성령(은사) 충만 받으면 다 알곡

이 되어서 천국 가는 것처럼 가르치고 있는데 이것은 잘못입니다. 왜냐하면 성령 충만 단계는 젖 먹는 어린아이 신앙의 차원이라고 고린도전서 3장과 히브리서 5장을 통해 분명히 말씀하셨기 때문입니다.

• (고린도전서 3:2) I gave you milk, not solid food, for you were not yet ready for it. Indeed, you are still not ready.

영어성경 ┌ 젖 = milk
       └ 밥(단단한 식물) = solid food

(2) 하나님의 어린 자녀로 영이 태어난 중생한 자(거듭난 자)에게 구원의 확신을 가지게 마음에 성령으로 인을 치는 것

● (에베소서 1:13-14)
그 안에서 너희도 진리의 말씀, 곧 너희의 구원의 복음을 듣고 그 안에서 또한 믿어 약속의 성령으로 인치심을 받았으니 이는 우리의 기업의 보증이 되사 그 얻으신 것을 구속하시고 그의 영광을 찬미하게 하려 하심이라.

우리의 기업은 하늘나라입니다. 그 기업인 하늘나라에 들어가 살게 하려고 성령으로 인을 치십니다. 또 하늘나라를 사서 우리의 기업의 보증이 되신 분 곧 성령을 주신 분이 예수님입니다.

'기업의 보증'의 원어와 부동산(집, 땅)을 살 때 '계약금'은 같
은 뜻입니다.
(보증 : (헬)ἀρραβων〈알라본〉 : 내야 할 돈의 첫 번째 분담금,
서약금의 일부 : 계약금)

● (고린도후서 1:22)
저가 또한 우리에게 인치시고 보증으로 성령을 우리에게 주셨느
니라

위에서 말씀 드렸듯이 보증금은 계약금과 같은 원어로서 성령
을 주셨다는 뜻입니다.
예를 들면 우리가 부동산을 살 때에도 계약금을 치르고 잔금까
지 치러야 내 소유가 되는 것처럼 성령 충만 받았다는 것은 하늘
나라에 들어갈 수 있는 계약금을 치른 것과 같습니다. 이 말씀은
부활하신 예수님의 생명에 의해 거듭난 후 하나님의 자녀로서 하
늘나라에 갈 수 있다는 구원의 확신을 가졌다는 말씀입니다.
이것을 성령 충만 단계라고 합니다. 그러나 아직 잔금을 치르
지 않았으므로 천국에 들어갈 수 있는 신앙차원은 아닙니다.

2. 성령 충만의 단계(받는)에 이르는 비결

성령 충만 받는 비결에 대해 몇 가지 알아보겠습니다.

(1) 사모하여 간구함으로

● (사도행전 1:12-15)

12 제자들이 감람원이라 하는 산으로부터 예루살렘에 돌아오니 이 산은 예루살렘에서 가까와 안식일에 가기 알맞은 길이라 13 들어가 저희 유하는 다락에 올라가니 베드로, 요한, 야고보, 안드레와 빌립, 도마와 바돌로매, 마태와 및 알패오의 아들 야고보, 셀롯인 시몬, 야고보의 아들 유다가 다 거기 있어 14 여자들과 예수의 모친 마리아와 예수의 아우들로 더불어 마음을 같이하여 전혀 기도에 힘쓰니라 15 모인 무리의 수가 한 일백이십 명이나 되더라 그 때에 베드로가 그 형제 가운데 일어서서 가로되

● (사도행전 2:1-4)

1 오순절날이 이미 이르매 저희가 다 같이 한 곳에 모였더니 2 홀연히 하늘로부터 급하고 강한 바람 같은 소리가 있어 저희 앉은 온 집에 가득하며 3 불의 혀같이 갈라지는 것이 저희에게 보여 각 사람 위에 임하여 있더니 4 저희가 다 성령의 충만함을 받고 성령이 말하게 하심을 따라 다른 방언으로 말하기를 시작하니라

부활하신 예수님께서 승천하시기 전에 제자들에게 분부 하신 대로 제자들은 마가 다락방에 모여 약속하신 성령을 받기 위해 사모하여 금식하며 간절히 기도했습니다. 10일째 되는 날에 강한 바람 같은 소리가 있으며, 온 교회가 진동하며 성령이 불의 혀 같이 갈라지며 임했습니다. 방언의 은사도 무려 120명이나 받았습니다. 할렐루야!

오늘날도 마찬가지입니다. 태어난 아기는 젖을 먹어야 사는 것처럼 우리도 성령을 받아야 살 수 있다는 믿음을 가지고 간절히 간구하면 성령을 충만히 주십니다.

(2) 회개함으로

● (사도행전 2:37-41)

37 저희가 이 말을 듣고 마음에 찔려 베드로와 다른 사도들에게 물어 가로되 형제들아 우리가 어찌할꼬 하거늘 38 베드로가 가로되 너희가 회개하여 각각 예수 그리스도의 이름으로 세례를 받고 죄 사함을 얻으라 그리하면 성령을 선물로 받으리니 39 이 약속은 너희와 너희 자녀와 모든 먼 데 사람 곧 주 우리 하나님이 얼마든지 부르시는 자들에게 하신 것이라 하고 40 또 여러 말로 확증하며 권하여 가로되 너희가 이 패역한 세대에서 구원을 받으라 하니 41 그 말을 받는 사람들은 세례를 받으매 이 날에 제자의 수가 삼천이나 더하더라

위 말씀은 베드로의 설교를 듣고 마음에 찔린 자들이 회개함으로 성령 충만을 받았다는 내용입니다. 성령은 '거룩한 영'(Holy spirit)이기 때문에 더러운 곳에는 오시지 않습니다. 죄는 더럽기 때문에 죄를 가지고 아무리 성령을 사모하면서 간구해도 소용이 없습니다. 그러나 우리가 지난날의 죄를 회개하면서 성령을 사모하고 간구하면 주십니다.

(3) 순종함으로

● (사도행전 5:32)
우리는 이 일에 증인이요 하나님이 자기를 순종하는 사람들에게 주신 성령도 그러하니라 하더라.

성령을 받으려면 하나님의 말씀에 순종해야 합니다.
하나님께 순종하는 사람들에게 성령을 주신 것처럼 우리도 성령을 받으려면 반드시 하나님의 말씀에 순종을 해야 합니다.

(4) 안수를 받음으로

● (사도행전 8:15-17)
15 그들이 내려가서 저희를 위하여 성령받기를 기도하니 16 이는 아직 한 사람에게도 성령 내리신 일이 없고 오직 주 예수의 이름

으로 세례만 받을 뿐이러라 17 이에 두 사도가 저희에게 안수하매 성령을 받는지라

주 예수의 이름의 세례만 받은 사마리아에 있는 자들에게 성령 충만한 하나님의 종 베드로와 요한 사도가 안수하매 저희가 성령을 받았습니다.

● (사도행전 9:17-18)
17 아나니아가 떠나 그 집에 들어가서 그에게 안수하여 가로되 형제 사울아 주 곧 네가 오는 길에서 나타나시던 예수께서 나를 보내어 너로 다시 보게 하시고 성령으로 충만하게 하신다 하니 18 즉시 사울의 눈에서 비늘 같은 것이 벗어져 다시 보게 된지라 일어나 세례를 받고

하나님의 종 아나니아에게 안수 받은 바울에게 성령이 충만히 임하면서 눈에서 비늘 같은 것이 벗어졌다고 했습니다. 성령 충만을 받으면 영의 눈이 밝아집니다.

● (사도행전 19:6-7)
6 바울이 그들에게 안수하매 성령이 그들에게 임하시므로 방언도 하고 예언도 하니 7 모두 열두 사람쯤 되니라

성령 충만한 바울사도가 요한의 물세례만 받은 에베소 성도들에게 안수하매 성령이 임하셨습니다. 이와 같이 성령이 충만한

주의 종에게 안수를 받으면 성령을 충만히 받습니다. 오늘날도
마찬가지입니다.

(5) 하나님의 말씀을 들음으로

● (사도행전 10:44-46)
44 베드로가 이 말 할 때에 성령이 말씀 듣는 모든 사람에게 내려
오시니 45 베드로와 함께 온 할례 받은 신자들이 이방인들에게도
성령 부어 주심을 인하여 놀라니 46 이는 방언을 말하며 하나님
높임을 들음이러라

베드로 사도가 가이사랴에 고넬료와 그 일가, 친구들에게 말씀
을 전할 때에 성령이 말씀 듣는 모든 사람들에게 내려 오셨습니
다. 방언을 말하기도 했습니다. 성령 충만한 주의 종의 설교 말씀
을 들을 때 집중해서 잘 듣는 사람에게는 성령이 충만히 임하십
니다. 할렐루야!!

(6) 찬송을 부름으로

● (시편 22:3)
이스라엘의 찬송 중에 거하시는 주여 주는 거룩하시나이다

우리가 성령을 받는 방법 중 하나는 찬송을 부르는 것입니다. 찬송을 부를 때도 성령을 충만히 주십니다. 특히 예배시간이나 설교시간에도 찬송을 많이 부르면 성령이 충만히 임하시게 됩니다.

3. 성령 충만의 역사

성령 충만의 역사는 크게 두 가지로 나눌 수 있습니다.

● (신명기 11:14)
여호와께서 너희 땅에 이른 비, 늦은 비를 적당한 때에 내리시리니 너희가 곡식과 포도주와 기름을 얻을 것이요

● (예레미야 5:24)
또 너희 마음으로 우리에게 이른 비와 늦은 비를 때를 따라 주시며 우리를 위하여 추수 기한을 정하시는 우리 하나님 여호와를 경외하자 말하지도 아니하니

● (요엘 2:23)
시온의 자녀들아 너희는 너희 하나님 여호와로 인하여 기뻐하며 즐거워할지어다 그가 너희를 위하여 비를 내리시되 이른 비를 너희에게 적당하게 주시리니 이른 비와 늦은 비가 전과 같을 것이라

● (야고보서 5:7-8)

7 그러므로 형제들아 주의 강림하시기까지 길이 참으라 보라 농부가 땅에서 나는 귀한 열매를 바라고 길이 참아 이른 비와 늦은 비를 기다리나니 8 너희도 길이 참고 마음을 굳게 하라 주의 강림이 가까우니라

위의 성경에서 공통적으로 이른 비, 늦은 비가 기록되어 있는데 이 이른 비, 늦은 비는 이른 비 성령과 늦은 비 성령을 의미하는 말씀입니다.

그러면 구체적으로 이른 비 성령 충만의 역사와 늦은 비 성령 충만의 역사에 대해 설명하겠습니다.

(1) 이른 비 성령 충만의 역사

1-1. 갖가지 은사로 역사합니다.

오순절 초대교회에서는 방언, 권능, 표적, 예언, 환상, 신유, 비몽사몽 등등 은사로 역사 했습니다. 성경에서 보면

● (사도행전 1:8)

오직 성령이 너희에게 임하시면 너희가 권능을 받고 예루살렘과 온 유대와 사마리아와 땅 끝까지 이르러 내 증인이 되리라 하시니라

● (사도행전 2:8)

우리가 우리 각 사람의 난 곳 방언으로 듣게 되는 것이 어찜이뇨

● (사도행전 2:17)

하나님이 가라사대 말세에 내가 내 영으로 모든 육체에게 부어 주
리니 너희의 자녀들은 예언할 것이요 너희의 젊은이들은 환상을
보고 너희의 늙은이들은 꿈을 꾸리라

(추가 말씀 : 사도행전 3:4-8, 8:4-7, 10:3, 10:9-11)

고린도교회에서는 9가지 은사와 계시, 입신, 환상 등등 많은
은사로 역사했습니다. 성경에서 보면,

● (고린도전서 12:7-10)

7 각 사람에게 성령의 나타남을 주심은 유익하게 하려 하심이라 8
어떤이에게는 성령으로 말미암아 지혜의 말씀을, 어떤이에게는 같
은 성령을 따라 지식의 말씀을, 9 다른이에게는 같은 성령으로 믿
음을, 어떤이에게는 한 성령으로 병 고치는 은사를, 10 어떤이에
게는 능력 행함을, 어떤이에게는 예언함을, 어떤이에게는 영들 분
별함을, 다른이에게는 각종 방언 말함을, 어떤이에게는 방언들 통
역함을 주시나니

● (고린도전서 14:6)

6 그런즉 형제들아 내가 너희에게 나아가서 방언을 말하고 계시나

지식이나 예언이나 가르치는 것이나 말하지 아니하면 너희에게 무엇이 유익하리요

● (고린도후서 12:1-3)
1 무익하나마 내가 부득불 자랑하노니 주의 환상과 계시를 말하리라 2 내가 그리스도 안에 있는 한 사람을 아노니 십사 년 전에 그가 세째 하늘에 이끌려 간 자라〔그가 몸 안에 있었는지 몸 밖에 있었는지 나는 모르거니와 하나님은 아시느니라〕 3 내가 이런 사람을 아노니〔그가 몸 안에 있었는지 몸 밖에 있었는지 나는 모르거니와 하나님은 아시느니라〕

1-2. 젖 먹는 어린아이로 육신에 속한 신앙 차원으로 역사합니다.

● (고린도전서 3:1-3)
1 형제들아 내가 신령한 자들을 대함과 같이 너희에게 말할 수 없어서 육신에 속한 자 곧 그리스도 안에서 어린 아이들을 대함과 같이 하노라 2 내가 너희를 젖으로 먹이고 밥으로 아니하였노니 이는 너희가 감당치 못하였음이거니와 지금도 못하리라 3 너희가 아직도 육신에 속한 자로다 너희 가운데 시기와 분쟁이 있으니 어찌 육신에 속하여 사람을 따라 행함이 아니리요

이른 비 성령 충만을 받은 고린도교회 성도들은 육신에 속한 자이고 어린아이라고 말씀하고 있습니다. 육신에 속했다는 것은 세상적(as worldly)이라는 뜻입니다. 그래서 시기와 분쟁이 있다

고 사도 바울이 설명하고 있습니다.

시기와 분쟁이 있다는 것은 자아와 욕심이 처리되지 않았다는 것을 의미합니다.

1-3. 온전한 것이 올 때에는 폐하고 버려야 할 어린아이 신앙 차원으로 역사합니다.

●(고린도전서 13:8-11)
8 사랑은 언제까지든지 떨어지지 아니하나 예언도 폐하고 방언도 그치고 지식도 폐하리라 9 우리가 부분적으로 알고 부분적으로 예언하니 10 온전한 것이 올 때에는 부분적으로 하던 것이 폐하리라 11 내가 어렸을 때에는 말하는 것이 어린 아이와 같고 깨닫는 것이 어린 아이와 같고 생각하는 것이 어린 아이와 같다가 장성한 사람이 되어서는 어린 아이의 일을 버렸노라

이른 비 성령 충만 차원의 은사인 예언, 방언, 지식(젖의 말씀)은 부분적이고 어린아이 차원이기에 온전한 것이 올 때에는 폐하고 버려야 합니다.

1-4. 가나 혼인 잔치에 처음 나온, 모자라 없어질 포도주로 역사합니다.

●(요한복음 2:3)
포도주가 모자란지라 예수의 어머니가 예수에게 이르되 저희에게 포도주가 없다 하니

● (사도행전 2:12-13)

12 다 놀라며 의혹하여 서로 가로되 이 어찐 일이냐 하며 13 또
어떤 이들은 조롱하여 가로되 저희가 새 술이 취하였다 하더라

위 말씀에서 오순절 마가 다락방에서 성령 충만 은사 충만 받
은 성도들을 새 술에 취하였다고 했으므로 가나 혼인 잔치에 나
오는 포도주는 성령을 의미합니다. 처음 나온 포도주는 이른 비
성령을 의미하고 있습니다. 처음 나온 포도주가 가나의 혼인 잔
치에서 모자라 없어지듯 이른 비 성령의 역사도 그렇게 됩니다.

1-5. 예수는 그리스도라 가르치기와 전도하기를 쉬지 않게 역사 합니다.

● (사도행전 5:42)

42 저희가 날마다 성전에 있든지 집에 있든지 예수는 그리스도라
가르치기와 전도하기를 쉬지 아니하니라

오순절 날에 성령 충만과 은사 충만 받은 초대교회는 성전에
있든지 집에 있든지 쉬지 않고 예수는 그리스도라 가르치기와
전도하기를 계속했습니다. 성령 충만 주시는 예수님을 가르치고
전도하기에 열심이었다는 것입니다. 그런 가운데 사도행전에서
아나니아 삽비라 사건(행5:1-11)과 과부들이 구제하다 원망사
건(행6:1)이 발생하자 사도들이 사역을 전환하게 되는데 말씀봉
사 사역(행6:2-7)을 전무하게 되었습니다.

●(사도행전 6:2-7)

2 열두 사도가 모든 제자를 불러 이르되 우리가 하나님의 말씀을 제쳐 놓고 공궤를 일삼는 것이 마땅치 아니하니 3 형제들아 너희 가운데서 성령과 지혜가 충만하여 칭찬 듣는 사람 일곱을 택하라 우리가 이 일을 저희에게 맡기고 4 우리는 기도하는 것과 말씀 전하는 것(1)을 전무하리라 하니 5 온 무리가 이 말을 기뻐하여 믿음과 성령이 충만한 사람 스데반과 또 빌립과 브로고로와 니가노르와 디몬과 바메나와 유대교에 입교한 안디옥 사람 니골라를 택하여 6 사도들 앞에 세우니 사도들이 기도하고 그들에게 안수하니라 7 하나님의 말씀이 점점 왕성하여 예루살렘에 있는 제자의 수가 더 심히 많아지고 허다한 제사장의 무리도 이 도에 복종하니라

(1) 말씀 봉사

(2) 늦은 비 성령 충만의 역사

늦은 비 성령은 진리의 성령으로 역사합니다. 모든 진리 가운데로 인도하여 장래 일까지 알게 합니다. 멜기세덱에 관하여 해석하기 어려운 말씀 곧 단단한 식물(밥의 말씀)을 먹는 장성한 자가 되게 합니다. 또 이른 비 성령에 의한 예언, 방언, 지식을 폐하고 그치도록 역사합니다. 그러면 성경을 찾아보면서 늦은 비 성령 충만의 역사에 대하여 알아보겠습니다.

2-1. 가나 혼인 잔치에 나중 나온 맛이 좋은 포도주로 역사합니다.

● (요한복음 2:10)
말하되 사람마다 먼저 좋은 포도주를 내고 취한 후에 낮은 것을 내
거늘 그대는 지금까지 좋은 포도주를 두었도다 하니라

예수님께서 가나 혼인 잔치에 참석하셨을 때 포도주가 떨어져
서 모자라게 되었습니다. 그래서 예수님께서 포도주를 만들어 주
셨는데 먼저 나온 것보다 예수님께서 나중에 만드신 포도주가
훨씬 맛이 좋은 포도주라고 했습니다.

여기서 먼저 나온 처음 포도주는 이른 비 성령을 말하고 예수
님께서 나중에 만들어 준 훨씬 맛이 좋은 포도주를 늦은 비 성령
이라고 합니다. 이른 비 성령 충만을 받아도 그 기쁨은 말로 표현
할 수 없을 정도이지만 나중 나온 포도주가 더 맛이 좋듯이 늦은
비 성령 역사의 기쁨은 이른 비 성령 충만의 기쁨과는 비교할 수
가 없을 정도로 기쁨이 넘칩니다.

2-2. 진리의 성령으로 역사합니다.

모든 진리 가운데로 인도하여 장래의 일까지 알게 합니다.

● (요한복음 16:12-14)
12 내가 아직도 너희에게 이를 것이 많으나 지금은 너희가 감당치
못하리라 13 그러하나 진리의 성령이 오시면 그가 너희를 모든 진

리 가운데로 인도하시리니 그가 자의로 말하지 않고 오직 듣는 것
을 말하시며 장래 일을 너희에게 알리시리라 14 그가 내 영광을
나타내리니 내 것을 가지고 너희에게 알리겠음이니라

성경의 문자, 역사, 원어, 배경, 문화적 차원을 넘어서 성경 말
씀 속에 있는 하나님의 참된 뜻을 깨닫게 되고 또한 '장래 일까
지'라는 말은 성령시대(은혜복음시대)에 필요한 요한계시록의
핵심까지도 깨닫게 된다는 의미입니다.

2-3. 멜기세덱에 관하여 해석하기 어려운 말씀 곧 단단한 식물을 먹도록 역사합니다.

● (히브리서 5:11-14)
11 멜기세덱에 관하여는 우리가 할 말이 많으나 너희의 듣는 것이
둔하므로 해석하기 어려우니라 12 때가 오래므로 너희가 마땅히
선생이 될 터인데 너희가 다시 하나님의 말씀의 초보가 무엇인지
누구에게 가르침을 받아야 할 것이니 젖이나 먹고 단단한 식물을
못 먹을 자가 되었도다 13 대저 젖을 먹는 자마다 어린아이니 의
의 말씀을 경험하지 못한 자요 14 단단한 식물은 장성한 자의 것
이니 저희는 지각을 사용하므로 연단을 받아 선악을 분변하는 자
들이니라

● (요한복음 5:39)
너희가 성경에서 영생을 얻는줄 생각하고 성경을 상고하거니와 이

성경이 곧 내게 대하여 증거하는 것이로다

위의 말씀에서 멜기세덱은 성경 66권의 말씀 되시는 예수님(요5:39)을 의미하는데 성경 66권의 말씀을 해석해야 된다는 말씀입니다. 해석한 성경 말씀이 단단한 식물이고 또 장성한 자로 성장시키는 말씀인 것입니다.

2-4. 진리의 말씀으로 알곡(열매)되게 역사합니다.

● (마가복음 4:18-20)
18 또 어떤 이는 가시떨기에 뿌리우는 자니 이들은 말씀을 듣되 19 세상의 염려와 재리의 유혹과 기타 욕심이 들어와 말씀을 막아 결실치 못하게 되는 자요 20 좋은 땅에 뿌리웠다는 것은 곧 말씀을 듣고 받아 삼십 배와 육십 배와 백 배의 결실을 하는 자니라

● (야고보서 5:7-8)
7 그러므로 형제들아 주의 강림하시기까지 길이 참으라 보라 농부가 땅에서 나는 귀한 열매를 바라고 길이 참아 이른 비와 늦은 비를 기다리나니 8 너희도 길이 참고 마음을 굳게 하라 주의 강림이 가까우니라

위의 말씀에서 알곡이 되어야만 주의 강림 때에 영생의 복을 받을 수 있는데 늦은 비 성령을 통한 진리의 말씀을 듣고 받아먹어야만 알곡(열매)으로 결실을 할 수 있다는 말씀입니다.

2-5. 밥의 말씀을 먹고 장성한자(신령한자)가 되도록 역사합니다.

● (고린도전서 3:1-2)

1 형제들아 내가 신령한 자들을 대함과 같이 너희에게 말할 수 없어서 육신에 속한 자 곧 그리스도 안에서 어린아이들을 대함과 같이 하노라 2 내가 너희를 젖으로 먹이고 밥으로 아니하였노니 이는 너희가 감당치 못하였음이거니와 지금도 못하리라

사도 바울이 늦은 비 성령에 의한 밥의 말씀을 먹어야만 장성한 자가 되기에 젖의 말씀을 먹고 있는 고린도 성도들에게 밥의 말씀을 먹이려고 했는데 감당치를 못했고 지금도 감당치 못한다고 안타까운 심정으로 기록한 말씀입니다.

2-6. 장성한 자가 되도록 이른 비 성령의 역사에 의한 예언, 방언, 지식을 폐하고 그치게 역사합니다.

● (고린도전서 13:8-11)

8 사랑은 언제까지든지 떨어지지 아니하나 예언도 폐하고 방언도 그치고 지식도 폐하리라 9 우리가 부분적으로 알고 부분적으로 예언하니 10 온전한 것이 올 때에는 부분적으로 하던 것이 폐하리라 11 내가 어렸을 때에는 말하는 것이 어린아이와 같고 깨닫는 것이 어린아이와 같고 생각하는 것이 어린아이와 같다가 장성한 사람이 되어서는 어린아이의 일을 버렸노라

위의 말씀은 어린아이 신앙에서 장성한 자가 되게 하는 밥의 말씀을 먹을 수 있도록 늦은비 곧 진리의 성령이 오시면 이른비 성령에 의한 예언, 방언, 지식의 역사는 폐하고 그치게 되어야 한다는 말씀입니다.

2-7. 환난시대에 구원을 얻도록 남종과 여종들로 예언하게 역사합니다.

● (사도행전 2:18-21)
18 그 때에 내가 내 영으로 내 남종과 여종들에게 부어 주리니 저희가 예언할 것이요 19 또 내가 위로 하늘에서는 기사와 아래로 땅에서는 징조를 베풀리니 곧 피와 불과 연기로다 20 주의 크고 영화로운 날이 이르기 전에 해가 변하여 어두워지고 달이 변하여 피가 되리라 21 누구든지 주의 이름을 부르는 자는 구원을 얻으리라 하였느니라

● (요엘 2:28-30)
28 그 후에 내가 내 신을 만민에게 부어 주리니 너희 자녀들이 장래 일을 말할 것이며 너희 늙은이는 꿈을 꾸며 너희 젊은이는 이상을 볼 것이며 29 그 때에 내가 또 내 신으로 남종과 여종에게 부어 줄 것이며 30 내가 이적을 하늘과 땅에 베풀리니 곧 피와 불과 연기 기둥이라

위의 말씀에서 '그 때에'는 말세 지말을 의미하고 '내 신으로'는 늦은 비 성령의 역사를 말합니다. 환난시대에 사역할 남종과 여종

들은 반드시 늦은 비 성령을 충만히 받아야만 다시 예언하는 사역을 감당하게 된다는 말씀입니다. 곧 천사의 손에 있는 펴 놓인 작은 책을 갖다가 먹고 다시 예언하는 사역을 감당하게 됩니다.

●(요한계시록 10:8-11)

8 하늘에서 나서 내게 들리던 음성이 또 내게 말하여 가로되 네가 가서 바다와 땅을 밟고 섰는 천사의 손에 펴놓인 책을 가지라 하기로 9 내가 천사에게 나아가 작은 책을 달라 한즉 천사가 가로되 갖다 먹어 버리라 네 배에는 쓰나 네 입에는 꿀같이 달리라 하거늘 10 내가 천사의 손에서 작은 책을 갖다 먹어 버리니 내 입에는 꿀같이 다나 먹은 후에 내 배에서는 쓰게 되더라 11 저가 내게 말하기를 네가 많은 백성과 나라와 방언과 임금에게 다시 예언하여야 하리라 하더라

4. (이른비)성령 충만의 단계에 이른 사례

(1) 구름과 바다에서 세례 받은 광야교인들

●(고린도전서 10:1-4)

1 형제들아 너희가 알지 못하기를 내가 원치 아니하노니 우리 조상들이 다 구름 아래 있고 바다 가운데로 지나며 2 모세에게 속하

여 다 구름과 바다에서 세례를 받고 3 다 같은 신령한 식물을 먹으며 4 다 같은 신령한 음료를 마셨으니 이는 저희를 따르는 신령한 반석으로부터 마셨으매 그 반석은 곧 그리스도시라

● (출애굽기 15:20-21)
20 아론의 누이 선지자 미리암이 손에 소고를 잡으매 모든 여인도 그를 따라 나오며 소고를 잡고 춤추니 21 미리암이 그들에게 화답하여 가로되 너희는 여호와를 찬송하라 그는 높고 영화로우심이요 말과 그 탄 자를 바다에 던지셨음이로다 하였더라

위의 말씀에서 '구름 아래 있고 바다 가운데로 지나며 모세에게 속하여 다 구름과 바다에서 세례를 받고'라는 말씀은 이스라엘 백성들이 모세의 인도를 따라 불기둥이 나타나며, 강한 바람인 큰 동풍이 불어 홍해바다를 갈라 좌우의 벽으로 만들어서 건너게 하신 출애굽기 14장의 말씀을 바울 사도는 이스라엘 백성들이 세례를 받은 것이라고 해석했습니다. 이 세례는 물세례가 아닌 성령세례(성령충만)를 말합니다.

성령 충만을 받았기 때문에 모든 여인들이 미리암과 더불어 기뻐하며 춤추며 찬송을 불렀던 것입니다.

그리고 민수기 11장을 보면

● (민수기 11:24-25)
24 모세가 나가서 여호와의 말씀을 백성에게 고하고 백성의 장로

여기서는 여호와의 신이 광야 생활하는 장로 70 인에게 예언의 은사로 임한 것을 알 수 있습니다. 신은 성령입니다. 그러니까 하나님께서 70인 장로들에게 성령 충만을 주시고 예언의 은사까지 주셨다는 뜻입니다.

이 뿐 아니라 민수기 11장 26절에는 엘닷과 메닷이라 하는 두 사람이 회막에 나아가지 아니하였으나 진에서 예언을 했다고 했습니다. 이와 같이 광야 이스라엘 백성들은 성령이 충만한 생활을 했습니다. 성령을 본격적으로 부어주지 않았던 시대의 광야 이스라엘 백성들도 성령 충만 받고 은사까지 받아 광야 생활을 했는데 하물며 본격적인 성령시대인 오늘날! 우리가 성령 충만을 받지 못하고 있다면 어떻게 되겠습니까? 여러분 모두 성령 충만 받아서 신앙생활을 해야 하겠습니다.

※ 잠깐! 반드시 알아야 합니다!
(이른비) 성령 단계의 신앙은 하나님의 자녀로 갓 태어난 자들이 젖을 먹는 단계입니다. 결혼하기 전에 약혼하는 것과 같으며 부동산 살 때 계약금을 치르는 것과 같습니다.
또 나무에 비유하면 열매 맺기 위해 꽃이 핀 상태와 같습니다.

(2) 이삭에게 별미 축복 기도 받은 야곱

● (창세기 27:27-29)

27 그가 가까이 가서 그에게 입맞추니 아비가 그 옷의 향취를 맡고 그에게 축복하여 가로되 내 아들의 향취는 여호와의 복 주신 밭의 향취로다 28 하나님은 하늘의 이슬과 땅의 기름짐이며 풍성한 곡식과 포도주로 네게 주시기를 원하노라 29 만민이 너를 섬기고 열국이 네게 굴복하리니 네가 형제들의 주가 되고 네 어미의 아들들이 네게 굴복하며 네게 저주하는 자는 저주를 받고 네게 축복하는 자는 복을 받기를 원하노라

위의 말씀은 이삭이 리브가가 만든 별미를 먹고 난 후, 야곱에게 축복을 하는 말씀입니다.

이 별미 축복을 받은 것이 바로 성령 충만을 받은 것입니다.

어떻게 성령을 충만히 받았는지 누가복음 11장에서 알아보겠습니다.

● (누가복음 11:9-13)

9 내가 또 너희에게 이르노니 구하라 그러면 너희에게 주실 것이요 찾으라 그러면 찾을 것이요 문을 두드리라 그러면 너희에게 열릴 것이니 10 구하는 이마다 받을 것이요 찾는 이가 찾을 것이요 두드리는 이에게 열릴 것이니라 11 너희 중에 아비 된 자 누가 아들이 생선을 달라 하면 생선 대신에 뱀을 주며 12 알을 달라 하면

여기서 '구하라'는 성령을 구하라, '찾으라'는 우리 마음속의
죄를 찾으라, '두드리라'는 '죄를 찾아 회개하고 통회(痛悔) 자복
(自服)하라'는 뜻입니다.

그러시면서 '너희 육신의 부모도 자식이 생선을 달라 하면 생
선 대신에 뱀을 주며, 알을 달라하면 전갈을 주지 않는 것과 같이
악한 부모일 찌라도 좋은 것으로 자식에게 줄줄 알거든' 하고 말
씀하신 하나님께서는 성령을 달라는 우리에게 좋은 것, 곧 성령
을 주시지 않겠느냐 하시면서 구하면 반드시 주시겠다고 하셨습
니다.

야곱이 아버지 이삭에게 간절히 구하여 별미축복 곧 좋은 것
인 성령 충만을 받은 것처럼 오늘날도 예수님께서는 간절히 구
하는 자에게 성령 충만(성령세례)을 주십니다.

(3) 아나니아에게 안수 받은 바울사도

어 너로 다시 보게 하시고 성령으로 충만하게 하신다하니 18 즉시 사울의 눈에서 비늘 같은 것이 벗어져 다시 보게 된지라 일어나 세 례를 받고

예수님의 제자 아나니아에게 안수 받은 사울에게 성령이 충만 히 임하셨고 영의 눈도 밝아졌습니다.

(4) 성막의 성소 앞에 있는 물두멍에서 씻는 아론과 그 아들들

● (출애굽기 30:17-21)
17 여호와께서 모세에게 일러 가라사대 18 너는 물두멍을 놋으로 만들고 그 받침도 놋으로 만들어 씻게 하되 그것을 회막과 단 사이 에 두고 그 속에 물을 담으라 19 아론과 그 아들들이 그 두멍에서 수족을 씻되 20 그들이 회막에 들어갈 때에 물로 씻어 죽기를 면할 것이요 단에 가까이 가서 그 직분을 행하여 화제를 여호와 앞에 사 를 때에도 그리할찌니라 21 이와 같이 그들이 그 수족을 씻어 죽기 를 면할지니 이는 그와 그 자손이 대대로 영원히 지킬 규례니라

● (출애굽기 38:8)
그가 놋으로 물두멍을 만들고 그 받침도 놋으로 하였으니 곧 회막 문에서 수종드는 여인들의 거울로 만들었더라

성막은 이스라엘 백성들이 광야 생활할 때 하나님께서 모세에게 지으라고 명령 하셨습니다. 성막은 뜰, 성소, 지성소로 세 부분으로 구성되어 있습니다. 성막 뜰에는 번제단과 물두멍이 있습니다.

물두멍은 제사장들이 하나님 앞에서 직무를 감당하기 위하여 성소에 들어가기 전에 수족을 씻는 곳입니다. 물두멍에서 수족을 씻었다는 것은 예수님의 보혈로 회개(물두멍에서 씻음)하면 용서해 주시고 다시 성령으로 충만하게 해주시는 것을 말합니다.

그래서 베드로 사도는 회개(씻어)하여 성령을 받으라고 말씀하신 것입니다.

● (사도행전 2:38)
베드로가 가로되 너희가 회개하여 각각 예수 그리스도의 이름으로
세례를 받고 죄 사함을 얻으라 그리하면 성령을 선물로 받으리니

번제단에서 구속(죄 씻음)받고 하나님의 자녀로 거듭난 성도들은 물두멍에서 씻으므로(회개) 성령 충만 받습니다. 한번만 씻는 게 아니고 계속해서 성소에 들어갈 때마다 씻은 것처럼 우리들도 회개하여서 항상 성령 충만한 교회생활을 해야 합니다.

(5) 7대 절기의 오순절(맥추절, 칠칠절)

● (출애굽기 34:22)
칠칠절 곧 맥추의 초실절을 지키고 가을에는 수장절을 지키라

● (사도행전 2:1-4)
1 오순절 날이 이미 이르매 저희가 다 같이 한 곳에 모였더니 2 홀
연히 하늘로부터 급하고 강한 바람 같은 소리가 있어 저희 앉은 온
집에 가득하며 3 불의 혀같이 갈라지는 것이 저희에게 보여 각 사
람 위에 임하여 있더니 4 저희가 다 성령의 충만함을 받고 성령이
말하게 하심을 따라 다른 방언으로 말하기를 시작하니라

7대 절기 가운데 네 번째 절기를 맥추절, 오순절, 칠칠절이라
고 합니다. 특히 오늘날 오순절이라 함은 사도행전 2장에서 예수
께서 부활하신지 50일 째 되는 오순절 날에 마가 다락방에 모여
간절히 기도하던 120명에게 성령을 충만히 쏟아 부어 주신 날을
의미합니다. 그래서 마가 다락방을 오순절 교회라고 하고 오순절
교회를 성령이 충만한 교회라고 말합니다.

(6) 성신을 내게서 거두지 말라고 기도한 다윗 왕

● (시편 51:11)
11 나를 주 앞에서 쫓아내지 마시며 주의 성신을 내게서 거두지

'나(다윗)를 주 앞에서 쫓아내지 마소서'라고 다윗이 하나님 앞에 기도를 합니다. 하나님께서는 쫓아내시기도 하신다는 말씀인가요?

만약 쫓겨났다면 어떻게 될까요? 우리의 대적 마귀가 우는 사자같이 두루 다니다가 즉시 삼켜 버리겠지요.

그렇기 때문에 성령 충만 받은 다윗은 하나님이 성령을 거두어 가실까봐 성령 충만한 생활을 하지 못할까봐 곧 성령으로 시작했다가 육체로 마치는 자(갈3:3)가 되지 않기 위해서 하나님께 기도한 것입니다.

(7) 하나님의 신이 크게 임하고 예언까지 한 사울 왕

● (사무엘상 10:9-13)

9 그가 사무엘에게서 떠나려고 몸을 돌이킬 때에 하나님이 새 마음을 주셨고 그 날 그 징조도 다 응하니라 10 그들이 산에 이를 때에 선지자의 무리가 그를 영접하고 하나님의 신이 사울에게 크게 임하므로 그가 그들 중에서 예언을 하니 11 전에 사울을 알던 모든 사람이 사울의 선지자들과 함께 예언함을 보고 서로 이르되 기스의 아들이 당한 일이 무엇이뇨 사울도 선지자들 중에 있느냐 하고 12 그 곳의 어떤 사람은 말하여 이르되 그들의 아비가 누구냐 한지라 그러므로 속담이 되어 가로되 사울도 선지자들 중에 있느

냐 한지라 13 사울이 예언하기를 마치고 산당으로 가니라

● (사무엘상 19:23-24)
23 사울이 라마 나욧으로 가니라 하나님의 신이 그에게도 임하시니 그가 라마 나욧에 이르기까지 행하며 예언을 하였으며 24 그가 또 그 옷을 벗고 사무엘 앞에서 예언을 하며 종일 종야에 벌거벗은 몸으로 누웠었더라 그러므로 속담에 이르기를 사울도 선지자 중에 있느냐 하니라

하나님의 신이 크게 임하게 하셨다는 것은 성령 충만을 주셨다는 뜻입니다. 또 예언도 했는데 예언을 했다는 것은 예언의 은사를 받았다는 뜻입니다.

그런 그가 하나님께 버림을 받았습니다. 왜 그렇습니까? 하나님의 말씀을 버렸기 때문에 하나님께 버림을 받았고(삼상15:23) 그는 신접한 여인 곧 점쟁이를 찾아가는(삼상28:4-19) 등 악행을 했기 때문입니다. 결국 성령 충만을 받았음에도 불구하고 사울 왕은 버림을 받고 말았습니다.

우리는 버림당한 사울 왕을 교훈삼아 절대로 사울 왕처럼 되지 말고 이른 비 성령을 충만히 받고 늦은 비 성령까지 충만히 받아 모든 진리의 말씀으로 충만하여 신랑이신 예수님을 맞이하는 그날까지 신앙생활을 잘해야 합니다.

(8) 예언까지 한 사울 왕의 사자들

● (사무엘상 19:20-21)
20 사울이 다윗을 잡으려 사자들을 보내었더니 그들이 선지자 무리의 예언하는 것과 사무엘이 그들의 수령으로 선 것을 볼 때에 하나님의 신이 사울의 사자들에게 임하매 그들도 예언을 한지라 21 혹이 그것을 사울에게 고하매 사울이 다른 사자들을 보내었더니 그들도 예언을 한 고로 사울이 세 번째 다시 사자들을 보내었더니 그들도 예언을 한지라

누가 하나님의 신인 성령을 받았습니까?

사울 왕의 악한 부하들이 받지 않았습니까?

사울 왕의 사자들 곧 다윗을 잡으라고(죽이라고) 보낸 사울 왕의 부하들이 다윗을 잡기는커녕 오히려 성령을 충만히 받고 예언까지 했습니다. 두 번째, 세 번째 다시 보낸 부하들도 마찬가지로 성령을 충만히 받았습니다.

하나님께서는 다윗을 위하여 사울 왕의 악한 부하들임에도 불구하고 다윗을 잡지 못하도록 성령을 부어 주셨습니다.

성령 충만의 단계(3단계)의 요약정리

1. 성령 충만의 의미 : 거듭난 자가 영의 양식인 젖을 먹은 것과
   구원의 확신을 가지도록 마음에 성령으로 인을 치는 것
   (고전3:1-2) (엡1:13-14)

2. 성령 충만 받는 비결
   ① 사모하여 간구함으로(행1:12-15)
   ② 회개함으로(행2:37-41)
   ③ 순종함으로(행5:32)
   ④ 안수 받음으로(행8:15-17)
   ⑤ 하나님의 말씀을 들음으로(행10:44-46)
   ⑥ 찬송을 부름으로(시22:3)

3. 성령 충만의 역사
   ① 이른 비 성령 충만의 역사(요2:3) (행2:8,17)
      (고전12:7-10) (고후12:1-3)
   ② 늦은 비 성령 충만의 역사(요2:10) (요16:12-14)
      (행2:18) (고전13:8-11)

4. 성령(이른비 성령) 충만의 단계에 이른 사례
   ① 구름과 바다에서 세례 받은 광야 교인들(고전10:1-4)
   ② 이삭에게 별미 축복기도 받은 야곱(창27:27-29)
   ③ 아나니아에게 안수 받은 바울사도(행9:17-18)
   ④ 성막의 성소 앞에 있는 물두멍에서 씻는 아론과 그 아들
      들(출30:17-21)
   ⑤ 7대 절기의 오순절(출34:22) (행2:1-4)
   ⑥ 성신을 거두지 말라고 한 다윗왕(시51:11)
   ⑦ 하나님의 신이 크게 임하고 예언한 사울왕(삼상10:9-13)
   ⑧ 예언까지 한 사울 왕의 사자들(삼상19:20-21)

진리 충만

● (마태복음 3:11-12)

11 나는 너희로 회개케 하기 위하여 물로 세례를 주거니와 내 뒤에 오시는 이는 나보다 능력이 많으시니 나는 그의 신을 들기도 감당치 못하겠노라 그는 성령과 불로 너희에게 세례를 주실 것이요 12 손에 키를 들고 자기의 타작 마당을 정하게 하사 알곡은 모아 곡간에 들이고 쭉정이는 꺼지지 않는 불에 태우시리라

위의 말씀은 알곡 신자가 되어야만 곡간인 천국에 들어갈 수가 있다는 말씀입니다. 알곡이 되기 위해서는 3단계인 성령 단계에서 이른 비 성령에 이어 늦은 비 성령까지 충만해야 합니다. 그리고 갓난아기가 엄마 젖이나 우유를 먹고 조금 지나 이유식을 하고 밥과 고기...등을 먹어야 건강하게 튼튼히 자라듯, 영도 영의 양식을 먹어야 영이 잘 자라서 알곡이 됩니다.

육의 양식에 젖이 있고 밥, 고기…… 등이 있듯이 영의 양식도 젖과 밥이 있습니다. 출애굽하여 광야에 들어온 이스라엘 백성이 약 40여 년간 하늘에서 내려온 만나를 먹었는데 이 만나를 (신명기 8장 3절)에는 '여호와의 입에서 나오는 모든 말씀'이라고 했습니다.

● (신명기 8:3)
너를 낮추시며 너로 주리게 하시며 또 너도 알지 못하며 네 열조도 알지 못하던 만나를 네게 먹이신 것은 사람이 떡으로만 사는 것이 아니요 여호와의 입에서 나오는 모든 말씀으로 사는 줄을 너로 알게 하려 하심이니라

요한복음 6장 55절에서 '내 살은 참된 양식이요'라고 하신 말씀은 예수그리스도의 살을 우리에게 영생을 주는 참된 양식이라는 뜻인데 이것은 하나님의 말씀만이 우리에게 영생을 주는 영의 양식이기에 참된 양식이라는 뜻입니다. 영의 양식인 하나님 말씀은 구체적으로 젖의 말씀과 밥의 말씀으로 더 나아가 밥의 말씀 안에는 칼의 말씀으로 되어 있습니다.

1. 젖의 말씀의 단계

(1) 고린도교회의 젖 먹는 단계

● (고린도전서 3:1-3)

1 형제들아 내가 신령한 자들을 대함과 같이 너희에게 말할 수 없어서 육신에 속한 자 곧 그리스도 안에서 어린아이들을 대함과 같이 하노라 2 내가 너희를 젖으로 먹이고 밥으로 아니하였노니 이는 너희가 감당치 못하였음이거니와 지금도 못하리라 3 너희가 아직도 육신에 속한 자로다 너희 가운데 시기와 분쟁이 있으니 어찌 육신에 속하여 사람을 따라 행함이 아니리요

고린도교회는 이른 비 성령과 은사가 충만했습니다. 그래서 방언, 예언은사, 치유, 입신…… 등의 은사가 넘쳤습니다.

이런 고린도교회 성도들을 향해 사도 바울은 육신에 속한 자 어린아이라고 했으며 영의 양식인 하나님의 말씀은 젖만 먹는다고 했습니다. 그래서 바울 사도가(밥을 먹어야 잘 자라서 장성한 자, 신령한 자 곧 알곡이 되어 영생의 복을 받을 수 있기 때문에) 밥의 말씀을 먹이려고 했으나 먹지를 못했습니다.

(2) 히브리서의 젖 먹는 단계

● (히브리서 5:12-14)

12 때가 오래므로 너희가 마땅히 선생이 될 터인데 너희가 다시 하나님의 말씀의 초보가 무엇인지 누구에게 가르침을 받아야 할 것이니 젖이나 먹고 단단한 식물을 못 먹을 자가 되었도다. 13 대저 젖을 먹는 자마다 어린아이니 의의 말씀을 경험하지 못한 자요 14 단단한 식물은 장성한 자의 것이니 저희는 지각을 사용하므로 연단을 받아 선악을 분변하는 자들이니라

젖을 먹는 자는 어린아이이고, 단단한 식물을 먹는 자는 장성한 자라고 말씀하고 있습니다.

● (히브리서 6:1-2)

1 그러므로 우리가 그리스도 도의 초보를 버리고 죽은 행실을 회개함과 하나님께 대한 신앙과 2 세례들과 안수와 죽은 자의 부활과 영원한 심판에 관한 교훈의 터를 다시 닦지 말고 완전한 데 나아갈찌니라

여기서는 그리스도 도의 초보의 단계가 바로 젖을 먹는 단계라는 말씀입니다. 젖의 말씀은 어린아이가 먹는 말씀인데 문자적, 역사적, 원어적, 배경적, 문화적인 측면으로 말씀을 이해하고 깨닫는 것을 의미합니다. 예를 들면 계란껍데기와 같은 부분이 젖의 말씀이라고 할 수 있습니다.

2. 밥(단단한 식물)을 먹는 단계

계란의 구조가 껍데기, 흰자, 노른자로 되어 있는데, 껍데기는 겉으로 드러난 부분이기에 누구나 쉽게 알 수 있습니다. 그러나 흰자, 노른자는 껍데기 속에 있으므로 보이지 않습니다. 우리가 먹어야 되고 영양이 되는 부분은 계란의 속 부분, 흰자와 노른자입니다.

계란의 흰자와 노른자 같이 성경 66권에서 속에 감추어진 말씀 즉 해석해서 먹는 말씀이 밥의 말씀인 것입니다.

구체적으로 설명하겠습니다.

(1) 밥의 말씀은 영이 장성한 자로 자라게 합니다.

● (골로새서 3:10)
새 사람을 입었으니 이는 자기를 창조하신 자의 형상을 좇아 지식에까지 새롭게 하심을 받는 자니라

● (히브리서 5:14)
단단한 식물은 장성한 자의 것이니 저희는 지각을 사용하므로 연단을 받아 선악을 분변하는 자들이니라

어린 아이가 젖을 떼고 밥을 잘 먹어야 튼튼하고 건강하게 자라듯 하나님의 말씀에서 밥의 말씀은 우리의 영을 장성하게 합니다. 또 이 밥의 말씀을 단단한 식물이라고 합니다.

(2) 밥의 말씀은 멜기세덱에 관하여 해석한 말씀입니다.

● (히브리서 5:11)
멜기세덱에 관하여는 우리가 할 말이 많으나 너희의 듣는 것이 둔하므로 해석하기 어려우니라

멜기세덱은 히브리서 7장에서 '하나님의 아들과 방불하다'고 했는데 이 말씀은 예수 그리스도의 그림자, 모형, 상징인 인물임을 의미합니다. 따라서 멜기세덱은 예수 그리스도이시며 또한 요한복음 5장 39절에서 성경은 영생 얻게 하시는 예수님에 대해서 기록했으므로 멜기세덱은 성경 66권의 말씀 되신 예수님입니다.

열왕기상하, 역대상하, …… 등에 이스라엘 역사가 기록되었다고 해서 단순히 이스라엘 역사를 말하려고 성경에 기록한 것이 아니라 예수님을 믿어서 영생의 복을 받으라고 기록해 놓은 것입니다. 멜기세덱에 관하여 해석한다는 것은 영생을 얻도록 성경 66권의 말씀을 해석하는 것입니다.

성경 66권을 해석한다는 것은 성경에서 성경으로 짝을 찾아서 (사34:16) 정답으로 옳게 해석하는 것입니다. 바울 사도가 과거 사울 시대에 기독교를 핍박할 때 구약성경(율법)을 너무나 잘 알

고 있었습니다. 유대인이었기에 조상 대대로 믿어왔고 가말리엘 문하에서 공부도 했습니다. 하지만 해석해서 알지 못했습니다. 그래서 하나님과 예수님과 성도들에게 원수 노릇만 했습니다.

성경의 예를 들어보면 사랑의 새계명을 지켜 행해야 영생을 얻는다고 성경 여기저기 기록되어 있는데 야고보서 2장의 말씀을 보십시다.

● (야고보서 2:26)
영혼 없는 몸이 죽은 것같이 행함이 없는 믿음은 죽은 것이니라

이 말씀은 야고보서의 중심말씀이라고 할 수 있는데 예수님을 믿고 하나님을 아버지라 부르면서 신앙생활을 해도 행함이 없으면 둘째 사망 곧 지옥 간다는 뜻입니다.

해석해 보면 다음과 같습니다.
① 영혼 없는 몸이 죽은 것 같이 : 영혼이 몸에서 떠나가면 죽은 사람이 된 것 같이
② 행함이 없는 믿음은 죽은 것이니라 : 사랑의 새계명을 지켜 행하지 않는 믿음의 사람은 둘째 사망 곧 지옥에 가게 되느니라

다음은 누가복음 18장 18절에서 25절을 봅시다.

● (누가복음 18:18~25)

18 어떤 관원이 물어 가로되 선한 선생님이여 내가 무엇을 하여야 영생을 얻으리이까 19 예수께서 이르시되 네가 어찌하여 나를 선하다 일컫느냐 하나님 한 분 외에는 선한 이가 없느니라 20 네가 계명을 아나니 간음하지 말라, 살인하지 말라, 도적질하지 말라, 거짓 증거하지 말라, 네 부모를 공경하라 하였느니라 21 여짜오되 이것은 내가 어려서부터 다 지키었나이다 22 예수께서 이 말을 들으시고 이르시되 네가 오히려 한 가지 부족한 것이 있으니 네게 있는 것을 다 팔아 가난한 자들을 나눠 주라 그리하면 하늘에서 보화가 네게 있으리라 그리고 와서 나를 좇으라 하시니 23 그 사람이 큰 부자인 고로 이 말씀을 듣고 심히 근심하더라 24 예수께서 저를 보시고 가라사대 재물이 있는 자는 하나님의 나라에 들어가기가 어떻게 어려운지 25 약대가 바늘귀로 들어가는 것이 부자가 하나님의 나라에 들어가는 것보다 쉬우니라 하신대

네 이웃을 네 몸처럼 사랑하라는 말씀을 부자 관원에게 예수님께서 하고 계십니다. 어떻게 영생 곧 천국에 갈 수 있느냐는 질문을 받으신 예수님께서, 네가 계명 곧 십계명을 아노니 "간음하지 말라, 살인하지 말라, 도둑질하지 말라, 거짓 증거하지 말라, 네 부모를 공경하라"고 5계명부터 10계명까지를 말씀하셨습니다. 그러자 관원이 "이것을 어려서 부터 지켰나이다"라고 하자, 예수님께서 '네가 부족한 것이 한 가지 있으니 네게 있는 것을

모두 팔아 가난한 자에게 나눠주라'고 하셨습니다.

그리고 '약대가 바늘귀로 들어가기가 부자가 천국에 들어가기보다 쉽다'고 하셨습니다. 해석하면 부자와 약대는 같은 의미로 욕심 버리지 못한 사람을 말하고 바늘귀는 좁은 문, 천국 문을 말합니다.

예수님께서 한 가지 부족한 것이 있으니 네게 있는 것을 팔아서 가난한 자들에게 나눠 주라고 하셨는데 이 말씀은 욕심을 버리고 사랑의 새계명을 실천하라는 의미입니다. 그래야만 영생의 복을 받을 수 있다고 말씀하셨습니다.

영생의 복을 받으려면 예수님을 믿고, 십자가의 보혈의 피로 지난날의 죄를 사함 받고, 부활하신 예수님의 생명으로 하나님의 자녀로 거듭나야 합니다. 그리고는 성령을 충만히 받아야 하고, 밥의 말씀을 먹어 자아와 욕심을 처리해야 합니다. 그 다음에는 새계명을 실천하는 신앙생활을 해야 합니다.

예수님께서는 자아에 의한 욕심까지 처리하여 네 이웃을 네 몸처럼 사랑해야 하는(구제도 하고, 선을 행하기도 하는) 진리를 관원에게 말씀해 주신 내용입니다.

① 부자 = 약대 = 욕심
② 바늘귀 = 좁은 문 = 천국 문

누가복음 10장 25절에서 37절을 봅시다.

● (누가복음 10:25-37)

25 어떤 율법사가 일어나 예수를 시험하여 가로되 선생님 내가 무엇을 하여야 영생을 얻으리이까 26 예수께서 이르시되 율법에 무엇이라 기록되었으며 네가 어떻게 읽느냐 27 대답하여 가로되 네 마음을 다하며 목숨을 다하며 힘을 다하며 뜻을 다하여 주 너의 하나님을 사랑하고 또한 네 이웃을 네 몸과 같이 사랑하라 하였나이다 28 예수께서 이르시되 네 대답이 옳도다 이를 행하라 그러면 살리라 하시니 29 이 사람이 자기를 옳게 보이려고 예수께 여짜오되 그러면 내 이웃이 누구오니이까 30 예수께서 대답하여 가라사대 어떤 사람이 예루살렘에서 여리고로 내려가다가 강도를 만나매 강도들이 그 옷을 벗기고 때려 거반 죽은 것을 버리고 갔더라 31 마침 한 제사장이 그 길로 내려가다가 그를 보고 피하여 지나가고 32 또 이와 같이 한 레위인도 그 곳에 이르러 그를 보고 피하여 지나가되 33 어떤 사마리아인은 여행하는 중 거기 이르러 그를 보고 불쌍히 여겨 34 가까이 가서 기름과 포도주를 그 상처에 붓고 싸매고 자기 짐승에 태워 주막으로 데리고 가서 돌보아 주고 35 이튿날에 데나리온 둘을 내어 주막 주인에게 주며 가로되 이 사람을 돌보아 주라 부비가 더 들면 내가 돌아올 때에 갚으리라 하였으니 36 네 의견에는 이 세 사람 중에 누가 강도 만난 자의 이웃이 되겠느냐 37 가로되 자비를 베푼 자니이다 예수께서 이르시되 가서 너도 이와 같이 하라 하시니라

여기서 어떤 율법사가 예수님께 무엇을 하여야 영생을 얻을지 물어보니까 예수께서는 하나님 사랑과 이웃 사랑의 새계명을 지

키라고 했습니다. 그러자 율법사가 이웃이 누구냐고 또 물어보니 예수께서 '비유'로 길게 말씀하셨습니다.

예루살렘에서 여리고로 내려가는 어떤 사람이 강도를 만나 옷을 벗기고 두들겨 맞아서 죽게 되었습니다. 죽게 된 사람을 보고도 한 제사장이 지나갔고, 한 레위인도 피하며 지나갔습니다. 그 때 여행 중이던 어떤 사마리아인이 불쌍히 여겨 도와준 사건을 기록하고 있습니다.

해석을 하면 예루살렘은 예루살렘 성전을 뜻합니다. 이스라엘 나라의 신앙의 중심지는 예루살렘 성전입니다. 그래서 예루살렘 성전에서 신앙생활을 하고 있던 어떤 성도가 여리고로 내려가고 있다는 내용입니다.

예수님 당시에 예루살렘 성전은 강도굴혈, 장사하는 집(마 21:13, 막11:17, 요2:16)이었습니다. 제사장들은 천국 문을 가로 막고 저도 못 들어가고 성도들도 못 들어가게 하는 그런 신앙상태였습니다(마23:13). 그래서 그 중 어떤 성도(강도만난 자)가 그것을 알고, 어디에 가면 영생을 얻을 수 있을까 찾아 헤매다가 여리고(영생 얻을 수 있는 참된 교회)로 가는 중에 강도를 만나게 됩니다. 강도를 만난 것과 같이 영생을 얻을 수 있는 참된 교회는 쉽게 찾을 수 있는 것이 아닙니다. 강도는 마귀, 사탄이며 참 교회를 찾아 헤매는 자들을 방해하고 피해를 줍니다. 마찬가지로 영생 얻을 참다운 교회를 찾아 헤매다가 이단에 빠지거나 하여 영육간 피해를 보는 사람이 많습니다.

또한 한 제사장이 그냥 지나갔다는 말씀은 한 제사장은 예루살렘 성전의 제사장 전체를 뜻하며, 수많은 제사장들이 진리를 찾아 헤매는 자를 구원할 수 없음을 뜻합니다. 또 한 레위인이 지나간 것도 예루살렘 성전에 레위인(레위인 중에서 제사장이 나오고 제사장이 되지 못한 레위인 들은 교회 봉사하는 역할)이 많이 있었음에도 불구하고 역시 구원하지 못했습니다.

영생을 얻지 못하게 방해하는 거짓 목사들이나 거기서 충성하고 봉사하는 미혹된 성도에게 영생을 얻게 해 줄 수 있는 포도주와 기름이 없다는 말씀입니다.

한 사마리아 사람은 예수님을 뜻하지만 여기서는 어떤 사마리아 사람이라고 했으므로 예수님을 닮은 신앙 차원의 사람을 말씀하신 것입니다. 예수님 닮은 영생을 얻을 수 있는 신앙 차원의 사람(목사, 장로, 집사 할 것 없이)이 강도 만난 자에게 포도주와 기름을 발라주었다는 말씀입니다. 포도주는 예수님의 보혈이며 기름은 기름 같이 역사하는 성령입니다.

지혜로운 5처녀와 미련한 5처녀가 신랑이신 예수님을 맞이하기 위해서 밤이 깊도록 기다렸는데 미련한 5처녀가 예수님을 맞이하지 못한 것은 기름 같이 역사하는 성령이 없었기 때문입니다. 따라서 영생을 얻기 위해서는 이른 비 성령을 받은 다음에 기름 같이 역사하는 성령을 받아야만 하는 것입니다.

이 사람을 데리고 여리고의 주막집으로 데리고 갔습니다. 주막집은 곧 기생 라합의 주막집을 말씀하신 것입니다.

기생 라합의 집은 이스라엘 민족들이 여리고를 격파시킬 때

유일하게 구원을 얻은 집입니다(수6:22-25). 오늘날 많은 교회가 부패한 줄을 알고 어디로 가면 영생을 얻을 수 있을지 헤매는 성도가 있으면 한 제사장이나 한 레위인처럼 지나가지 말고, 적극적으로 나귀를 태워서 물질과 시간을 드려 영생을 얻을 수 있는 신부 교회로 데려가야 하는 것이 진정한 이웃사랑임을 보여주는 진리의 말씀입니다.

'네 이웃을 네 몸과 같이 사랑하라'는 사랑의 새계명에 대해서 이렇게 해석된 말씀을 알게 될 때 멜기세덱에 대해서 해석된 말씀을 알게 되는 것이고, 단단한 식물, 밥의 말씀이 되는 것입니다. 밥의 영의 양식이 마음에 들어갈 때 우리가 어린 아이의 신앙에서 장성한 자의 신앙으로 성장하게 되는 것입니다. 그래서 신랑예수를 맞이하여 영생의 복을 받게 되고, 멀지 않아 나타날 적그리스도와 거짓선지자, 음녀의 세력을 이길 수 있는 강한 믿음을 가질 수 있습니다.

① 포도주 : 십자가에서 흘려주신 그리스도의 보배로운 피(베드로전서 1:19), 오직 예수신앙

② 기름 : 지혜로운 5처녀가 준비한 기름같이 역사하는 성령(마태복음 25:1-13), 늦은비 성령

③ 예루살렘 : 강도굴혈, 장사하는 집인 예루살렘 성전(마태복음 21:12-13) (요한복음 2:13-16), 음녀교회

④ 여리고 주막 : 가족 구원시킨 기생 라합의 집(여호수아 2:1-22), 신부교회

마태복음 18장을 봅시다.

1 그 때에 제자들이 예수께 나아와 가로되 천국에서는 누가 크니
이까 2 예수께서 한 어린아이를 불러 저희 가운데 세우시고 3 가
라사대 진실로 너희에게 이르노니 너희가 돌이켜 어린아이들과 같
이 되지 아니하면 결단코 천국에 들어가지 못하리라 4 그러므로
누구든지 이 어린아이와 같이 자기를 낮추는 그이가 천국에서 큰
자니라

예수께서 제자들에게 천국에 들어가려면 어린아이처럼 되라고
하셨습니다. 여기서 어린아이처럼 되라는 의미는 '자기를 낮추는
자'에 초점을 맞춰야 합니다. 이것은 겸손한 믿음을 가진 성도가
되라는 즉 자아가 처리된 자라는 뜻입니다.

성경에서 자아는 교만을 뜻하며, 교만의 반대는 겸손인데 이것
이 바로 자아가 처리된 자가 되어야 천국에 간다는 뜻입니다.

예수님의 제자들을 위시하여 장로, 권사, 집사, 성가대장이든
누구든지 자아가 처리되지 않으면 결단코 천국에 들어갈 수 없
다는 뜻입니다. 이렇게 해석한 밥의 말씀을 먹지 않고 젖의 말씀
만 먹으면 어린아이 신앙 차원이 되어 천국에 갈 수 없습니다.

어린아이는 자기를 낮추는 자요 자기를 낮추는 자는 자아가
처리된 자며 천국에서 큰 자라는 말씀은 천국에 들어가서 영생
의 복을 누리는 자라는 말씀입니다.

마태복음 11장을 또 봅시다.

이 말씀도 해석해서 알아야 합니다. 선악과를 따먹은 아담과 하와에게 하나님께서 '수고하고 땀 흘리지 않으면 먹고 살 수 없다(창세기 3:17)'고 하셨고 '잉태하는 고통을 크게 더하리니 네가 수고하고 자식을 낳을 것이라(창세기 3:16)'고 하셨습니다.

아담의 후손인 모든 사람들은 육신의 삶을 위해 땀을 흘리며 수고를 합니다. 위의 구절은 문자적으로 보면 예수님께 오면 육신의 삶의 수고가 쉼을 얻게 되는 말씀으로 보입니다. 그러나 해석하면 여기서 수고하는 것은 욕심을 뜻합니다. 무거운 짐 진 자들은 죄 짐을 진자를 의미합니다. 즉 자아와 욕심을 버리지 못한 인생들아 다 나(예수님)에게 오라고 하신 말씀입니다.

마음이 온유하다는 말씀은 욕심이 없으신 마음이라는 뜻입니다. 온유한 예수님의 마음은 욕심이 없으신 예수님의 마음이고 겸손한 예수님의 마음은 자아가 없으신 예수님의 마음인 것입니다. 이러므로 자아와 욕심으로 쉼을 얻지 못한 마음에 자아와 욕심을 버리고 예수님의 마음을 닮아서(소유하여) 모든 지각에 뛰어난 하나님의 평강을 누리라는 말씀입니다.

요한복음 6장을 봅시다.

● (요한복음 6:10-13)
10 예수께서 가라사대 이 사람들로 앉게 하라 하신대 그 곳에 잔디가 많은지라 사람들이 앉으니 수효가 오천쯤 되더라 11 예수께서 떡을 가져 축사하신 후에 앉은 자들에게 나눠 주시고 고기도 그렇게 저희의 원대로 주시다 12 저희가 배부른 후에 예수께서 제자들에게 이르시되 남은 조각을 거두고 버리는 것이 없게 하라 하시므로 13 이에 거두니 보리떡 다섯 개로 먹고 남은 조각이 열두 바구니에 찼더라

● (요한복음 6:24-27)
24 무리가 거기 예수도 없으시고 제자들도 없음을 보고 곧 배들을 타고 예수를 찾으러 가버나움으로 가서 25 바다 건너편에서 만나 랍비여 어느 때에 여기 오셨나이까 하니 26 예수께서 대답하여 가라사대 내가 진실로 진실로 너희에게 이르노니 너희가 나를 찾는 것은 표적을 본 까닭이 아니요 떡을 먹고 배부른 까닭이로다 27 썩는 양식을 위하여 일하지 말고 영생하도록 있는 양식을 위하여 하라 이 양식은 인자가 너희에게 주리니 인자는 아버지 하나님의 인치신 자니라

오병이어의 기적을 베풀어 주신 후 예수님이 갈릴리 바다를 건너가셨습니다. 오천 명을 먹이고 12바구니가 남았던 표적(이적)을 본 무리가 이튿날 예수님을 찾아갔습니다. 찾아온 무리를

향하여 예수님께서는 표적을 본 까닭이 아닌 떡을 먹고 배부른 까닭이라고 책망하셨습니다.

무리가 본 표적(이적)은 그 자체에 의미가 있지 않고, 이것을 통해서 예수님께서 뭔가를 알도록 행하셨음을 알 수 있습니다. 그 뜻이 무엇인지 해석해 보면, 물고기 두 마리의 2는 증인(확실하다)의 수(신19:15, 마18:16)이며, 물고기는 육체를 가진 예수님을 의미합니다. 정리하면 확실히 십자가에 육체(물고기)로 죽으시며 피 흘리신 보혈 예수님을 의미합니다.

떡 다섯의 5는 오순절날에 보내주신 성령 수입니다. 떡은 부활하신 예수님을 의미합니다. 물고기는 피가 있지만 부활하신 예수님은 신령한 몸이 되셨으므로 피가 없습니다(떡). 십자가에 돌아가신 예수님이 3일 만에 부활하셨습니다. 부활하셔서 하나님 보좌 우편으로 승천 하셔서 성령을 부어 주셨습니다(행2:33). 이미 성령을 오순절 날 부어 주실 것을 "내가 아버지께로 떠나가는 것이 너희에게 유익이라 내가 가면 내가 그를 너희에게로 보내리니"(요16:7)에서 말씀 하셨습니다.

[참고적으로 1은 성부 하나님 수, 2는 증인 수(확실함), 3은 성부, 성자, 성령 삼위 일체 수, 4는 세상 수, 5는 성령 수(은혜), 6은 적그리스도 수(마귀 수), 7은 천년왕국 수, 8은 영원한 천국 수입니다.]

십자가에서 보혈을 흘리시며 죽으시고 부활하셔서 오순절날에 성령을 보내주신 예수님(오병이어)으로 인하여 많은 사람들이 성령을 받는다(5천명을 먹임)는 내용이 바로 오병이어의 표적인 것입니다. 그리고 열 두 바구니가 남았습니다. 12는 12제자의 수입니다. 12제자들이 부활하신 예수님(떡)이 보내 주신 성령을 받아서 은혜 복음을 전하게 된 것입니다. 뿐만 아니라 12제자들이 전한 은혜 복음을 듣고 남은 자들이 영생의 복을 받게 될 것이라는 말씀입니다.

예수께서 행하신 이 표적은 예수그리스도를 믿어 영생 얻게 하신 표적입니다(요20:30-31). 정리하면, 예수께서는 12제자들이 전한 은혜 복음과 가르치는 밥의 말씀까지 배워서 먹고 장성한 자, 남은 자가 되라는 말씀입니다. 그래야 영생을 얻을 수 있습니다. 이스라엘의 수가 바다의 모래와 같이 많을 지라도 남은 자만 구원을 얻는다고 바울 사도가 로마서 9장 27절에서 말씀하셨습니다.

이에 우리는 12제자들이 가르치는 말씀대로 신앙생활을 잘하는 적은 숫자만 영생을 얻는다는 사실을 잘 알아야 하겠습니다. 성령 받은 숫자는 오천 명인데, 열 두 바구니만 남았다는 내용에서도 남은 자의 수가 적다는 것을 확인할 수 있습니다.

이런 진리의 말씀이 숨어 있음에도 '무리들'이 떡을 먹고 육신의 배부른 까닭으로만 예수님을 찾아왔기 때문에 책망을 들었던 것입니다(요6:24-27).

(3) 밥의 말씀은 완전(온전)한 데로 나가게 합니다.

● (히브리서 6:1-2)

1 그러므로 우리가 그리스도 도의 초보를 버리고 죽은 행실을 회개함과 하나님께 대한 신앙과 2 세례들과 안수와 죽은 자의 부활과 영원한 심판에 관한 교훈의 터를 다시 닦지 말고 완전한 데 나아갈찌니라

● (고린도전서 13:8-10)

8 사랑은 언제까지든지 떨어지지 아니하나 예언도 폐하고 방언도 그치고 지식도 폐하리라 9 우리가 부분적으로 알고 부분적으로 예언하니 10 온전한 것이 올 때에는 부분적으로 하던 것이 폐하리라

● (에베소서 4:11-13)

11 그가 혹은 사도로, 혹은 선지자로, 혹은 복음 전하는 자로, 혹은 목사와 교사로 주셨으니 12 이는 성도를 온전케 하며 봉사의 일을 하게 하며 그리스도의 몸을 세우려 하심이라 13 우리가 다 하나님의 아들을 믿는 것과 아는 일에 하나가 되어 온전한 사람을 이루어 그리스도의 장성한 분량이 충만한 데까지 이르리니

(추가 말씀 : 데살로니가전서 3:10 / 디모데후서 3:16-17)

위의 말씀은 밥의 말씀을 먹고 완전한 데로 나아가라는 말씀입니다.

하나님의 말씀 중에서 진리의 말씀, 밥의 말씀이 우리를 온전한데 나가게 합니다. 즉 온전한 하나님의 사람이 되게 합니다.

이 진리의 말씀, 밥의 말씀을 예수님께서 주시는 이유는 하나님은 온전하신 분이기에 우리가 온전한 하나님의 사람이 되기를 원하시기 때문입니다.

● (히브리서 12:2)
2 믿음의 주요 또 온전케 하시는 이인 예수를 바라보자 저는 그 앞에 있는 즐거움을 위하여 십자가를 참으사 부끄러움을 개의치 아니하시더니 하나님 보좌 우편에 앉으셨느니라

우리가 예수님을 믿지만, 특히 온전케 하시는 예수님을 믿으라는 말씀입니다.

마태복음 5장에 나오는 산상수훈의 결론도 '하늘에 계신 너희 아버지의 온전하심과 같이 너희도 온전하라'는 것입니다.

좀 더 구체적인 하나님의 말씀에 대해서 알아보겠습니다.

하나님의 말씀은 간단히 말하면 성경 66권입니다. 이 성경 66권 말씀 가운데는 하나님의 자녀로 태어나게 해주시는 하나님의 말씀이 있습니다. 이 말씀을 세세토록 살아있는 말씀이라고 (베드로전서 1장 23절에 기록해 놓았습니다.

또 하나님의 말씀에는 '진리의 말씀'이 있습니다.

'진리의 말씀'에는 2가지 종류가 있습니다.

첫째로, 에베소서 1장을 봅시다.

● (에베소서 1:13)
그 안에서 너희도 [1]진리의 말씀 곧 너희의 구원의 복음을 듣고 그
안에서 또한 믿어 약속의 성령으로 인치심을 받았으니

여기에 보면 '진리의 말씀'이라고 되어 있고, '진리'에 달린 주
석을 보면 '참'이라고 되어있습니다. 이 진리의 말씀은 성령으로
기업의 보증이 되게 인침 받게 하는 구원의 복음의 말씀입니다.

구원의 복음을 바울 사도는 사도행전과 갈라디아서에서 은혜
의 복음이라고 했습니다.

● (사도행전 20:24)
24 나의 달려갈 길과 주 예수께 받은 사명 곧 하나님의 은혜의 복
음 증거하는 일을 마치려 함에는 나의 생명을 조금도 귀한 것으로
여기지 아니하노라

● (갈라디아서 2:5, 14)
5 우리가 일시라도 복종치 아니하였으니 이는 복음의 진리로 너희
가운데 항상 있게 하려 함이라 14 그러므로 나는 저희가 복음의
진리를 따라 바로 행하지 아니함을 보고 모든 자 앞에서 게바에게
이르되 네가 유대인으로서 이방을 좇고 유대인답게 살지 아니하면
서 어찌하여 억지로 이방인을 유대인답게 살게 하려느냐 하였노라

은혜의 복음, 평안의 복음, 복음의 진리는 모두 같은 의미이며 성령을 받아서 예수님을 믿으라는 복음이라는 뜻입니다. 초림 예수님께서 전하신 복음을 천국 복음(마4:23, 9:35, 24:14)이라고 합니다. '예수님은 나는 길이요, 진리요, 생명이니 나로 말미암지 않고는 천국에 들어갈 이가 없다'(요14:6)라고 말씀하셨습니다. 복음은 예수님이시고, 복음의 뜻은 '기쁜 소식', '즐거운 소식', 'Good News', 'Gospel' 등으로 불리며 예수께서 나 믿어서 천국에 가라고 전하신 것입니다.

오순절 이후에는 예수님을 전하되, '성령 받아서 예수님을 믿어라 그래야 천국에 간다'고 전하셨습니다. 예수님 시대에는 '성령 받아야 천국 간다.'는 말씀을 하지는 않으셨습니다. 예수님께서 부활 승천 하셔서 성령을 오순절 날 마가 다락방에 부어 주시므로 오순절 성령이 임하므로(행2:1-4) 성령시대, 은혜시대, 교회시대, 이방인의 시대가 된 후에 전하는 복음을 은혜의 복음, 복음의 진리(갈2:5, 14)라고 합니다.

다시 말하면, 예수님을 믿되 성령까지 받아서 믿어야 하는 복음이 바로 은혜의 복음이요 평안의 복음, 복음의 진리인 것입니다.

둘째로, 야고보서 1장 18절을 보겠습니다.

● (야고보서 1:18)
그가 그 조물 중에 우리로 한 첫 열매가 되게 하시려고 자기의 뜻
을 좇아 진리의 말씀으로 우리를 낳으셨느니라

여기 보면 진리의 말씀이라고 되어있는데, 번호가 없는 ‘진리
의 말씀’이 나와 있습니다. 여기의 진리의 말씀으로 ‘우리를 낳으
셨다’고 하셨습니다. 왜냐하면 피조물 중에서 첫 열매가 되게 하
시려고 우리, 즉 믿는 자들을 낳으셨다고 하셨습니다.
야고보서의 번호 없는 ‘진리의 말씀’은 이미 은혜의 복음으로
인하여 성령까지 받은 자들에게 피조물 중에서 첫 열매가 되게
하시려고 낳게 하는 말씀인 것입니다.
여기서 ‘그가’는 하나님을 뜻하며, ‘조물’은 창세기에서 6일 동
안 창조하신 모든 만물을 뜻합니다. 마귀의 자식으로 이 땅에 태
어난 우리를 세세토록 살아있는 하나님의 말씀으로 거듭나게 하
시고(벧1:23) 그 다음에 은혜의 복음, 평안의 복음으로 성령 충
만을 받게 합니다.

이런 우리를 피조물 중에서 첫 열매가 되게 하시려고 하나님
께서 진리의 말씀으로 낳아 주시는 겁니다. 이런 자가 되어야 모
든 만물 중에 부활의 첫 열매가 되신 예수님이 재림하실 때 공중
에서 죽은 자는 부활해서 맞이하고, 살아있는 자는 변화되어 맞
이해서(살전4:15-17) 천년세계와 하늘나라에 가서 영생을 누리
는 것입니다.
‘진리의 말씀’으로 첫 열매가 되게 하시려고 낳음을 받은 신앙

의 사람이 되어야 예수님의 신부가 되어 예수님을 맞이하게 됩
니다.

요한복음 1장 10절을 같이 봅시다.

● (요한복음 1:10)
10 그가 세상에 계셨으며 세상은 그로 말미암아 지은 바 되었으
되 세상이 그를 알지 못하였고 11 자기 땅에 오매 자기 백성이 영
접지 아니하였으나 12 영접하는 자 곧 그 이름을 믿는 자들에게는
하나님의 자녀가 되는 권세를 주셨으니 13 이는 혈통으로나 육정
으로나 사람의 뜻으로 나지 아니하고 오직 하나님께로서 난 자들
이니라

예수님을 영접한다는 것은 곧 믿는 것입니다. 믿는 자 중에는
하나님의 자녀가 있고, 권세 받은 하나님의 자녀가 있습니다. 권
세 받은 하나님의 자녀는 첫 열매 성도로 진리의 말씀으로 낳은
자이며(약1:18) 또한 하나님께로서 난 자입니다.(요일5:1-4)

사도행전 1장 18절의 '성령이 너희에게 임하시면 너희가 권능
을 받고'는 성령 충만을 받고 권능의 은사를 받으라는 말입니다.
성령 충만을 받으면 각자의 분량에 따라서 하나님께서 여러 가
지 은사를 주시는데, 여기의 권능의 은사를 받은 자라야만 예루
살렘과 유다와 사마리아 땅 끝까지 증인 노릇을 할 수 있게 됩
니다.

성령을 받고, 권능까지 받아야만 선교사나 전도자가 되는 것입니다. 이와 마찬가지로 '하나님의 자녀가 되는 권세를 주셨으니'에서는 '하나님의 자녀'들이 있고, '하나님의 자녀가 되는 권세를 받은 자'가 있다는 것을 알 수 있습니다. 권세까지 받은 자가 바로 '하나님께로 난 자'가 되는 것입니다.

야고보서 1장 18절에 나오는 첫 열매가 되게 하시려고 진리의 말씀으로 낳은 자와 동일한 개념입니다. 진리의 말씀으로 낳은 자, 곧 하나님의 권세까지 받은 자가 되어야 마귀까지도 이기는 자가 되는 것입니다.

요한일서 3장 9절을 봅시다

● (요한일서 3:9)
하나님께로서 난 자마다 죄를 짓지 아니하나니 이는 하나님의 씨가 그의 속에 거함이요 저도 범죄치 못하는 것은 하나님께로서 났음이라

여기 하나님께로서 났음이라는 구절이 바로 요한복음 1장 10절의 구절과 동일합니다. 하나님께로 난 자는 하나님의 자녀가 되는 권세까지 받은 자와 동일하며 범죄치 아니하는 신앙의 단계가 되는 것입니다. 이 단계까지 올라가지 않으면 언제든지 마귀에게 끌려 다니며, 죄를 짓게 됩니다. 첫 열매로 부활하신 예수님께서 재림하실 때 맞이할 수 없는 단계입니다. 성령 충만, 은사 충만을 받고 밥된 진리의 말씀까지 먹고 새겨야 합니다.

이런 신앙의 사람이 되어야 신랑 예수님을 맞이하는 신부의 복을 받을 뿐만 아니라, 마귀 사탄을 이기고, 이 땅에서도 범사가 잘되고 강건의 복도 받을 수 있습니다.

(4) 밥의 말씀은 열매를 맺게 합니다.

● (마가복음 4:20)
좋은 땅에 뿌리웠다는 것은 곧 말씀을 듣고 받아 삼십 배와 육십 배와 백 배의 결실을 하는 자니라

● (마태복음 13:7-9)
7 더러는 가시떨기 위에 떨어지매 가시가 자라서 기운을 막았고 8 더러는 좋은 땅에 떨어지매 혹 백 배, 혹 육십 배, 혹 삼십 배의 결실을 하였느니라 9 귀 있는 자는 들으라 하시니라

● (마태복음 3:8-10)
8 그러므로 회개에 합당한 열매를 맺고9 속으로 아브라함이 우리 조상이라고 생각지 말라 내가 너희에게 이르노니 하나님이 능히 이 돌들로도 아브라함의 자손이 되게 하시리라 10 이미 도끼가 나무 뿌리에 놓였으니 좋은 열매 맺지 아니하는 나무마다 찍혀 불에 던지우리라

● (요한복음 15 : 1-2)

1 내가 참 포도나무요 내 아버지는 그 농부라 2 무릇 내게 있어 과실을 맺지 아니하는 가지는 아버지께서 이를 제해 버리시고 무릇 과실을 맺는 가지는 더 과실을 맺게 하려 하여 이를 깨끗케 하시느니라

위의 말씀은 예수께서 비유로 말씀하신 것입니다. 성경은 많은 부분이 비유로 되어있습니다. 이 비유의 말씀은 해석해서 알아야 하며, 성경의 비유는 상징이라고도 했고 수수께끼라고도 했습니다.

(마13:3-8)의 씨 뿌리는 비유에서 '길가에 뿌린 씨', 둘째로는 '돌밭에 뿌린 씨'가, 셋째로는 '가시떨기에 뿌린 씨'가, 마지막으로 '옥토에 뿌린 씨'가 나옵니다. 여기의 길가, 돌밭, 가시떨기밭, 옥토는 사람의 마음이며, 씨는 하나님의 말씀입니다.

첫 번째(마13:4)에서 길가와 같은 마음을 가진 사람에게 씨를 뿌렸습니다.

거듭나게 하는 씨의 말씀(벧전1:23) 곧 천국말씀(마13:19)을 전했다는 뜻이지요. 씨가 떨어졌는데 싹이 나지도 못하고 새가 와서 전부 먹어버렸다고 나옵니다. 쉽게 말하면 은혜를 못 받았다는 뜻입니다. 하나님의 자녀로 거듭나지 못하고 마귀의 자식으로 끝났다는 뜻입니다.

두 번째(마13:5-6) 돌밭의 마음을 가진 자는 싹이 났습니다. 이는 하나님의 살아있고 항상 있는 썩지 아니할 씨의 말씀으

로 베드로전서 1장 23절에 나오는 거듭나게 하는 말씀으로 거듭난 자 곧 마귀의 자식이 하나님의 자녀로 태어난 자를 뜻합니다. 그러나 갓 태어난 어린아이 신앙이기에 환난과 핍박이 올 때 이기지 못하고 넘어져 버리는 신앙을 말합니다.

세 번째(마13:7) 가시떨기에 뿌린 씨는 거듭나게 하는 말씀을 듣고, 하나님의 자녀로 거듭나고 성령 충만까지 받아 개인 종말이나 우주의 종말이 올 때까지 계속 신앙생활을 하는 사람을 뜻합니다. 그러나 알곡이 되지 못하고 쭉정이 된 상태입니다. 이유는 가시떨기를 제거하지 못했기 때문입니다.

마지막(마13:8) 옥토에 뿌린 씨의 성도가 되어야 천국에 가게 되는 것을 알아야 합니다. 복음을 듣고, 거듭나고 성령 충만과 밥된 하나님 말씀을 먹고 개인 종말이나 인류 종말까지 신앙생활을 잘하여 알곡이 된 성도입니다.

그러면 열매 맺지 못한 가시떨기에 뿌린 씨와 열매 맺은 옥토에 뿌린 씨의 근본적인 차이가 무엇일까요?

마가복음 4장 18-20절을 봅시다.

● (마가복음 4:18-20)

18 또 어떤 이는 가시떨기에 뿌리우는 자니 이들은 말씀을 듣되

19 세상의 염려와 재리의 유혹과 기타 욕심이 들어와 말씀을 막아 결실치 못하게 되는 자요 20 좋은 땅에 뿌리웠다는 것은 곧 말씀

을 듣고 받아 삼십 배와 육십 배와 백 배의 결실을 하는 자니라

위의 말씀에서 가시떨기에 뿌린 씨는 왜 열매를 맺지 못했는
지 자세히 기록되어 있습니다. 세상 염려와 재리의 유혹과 기타
욕심에 이끌려 말씀이 막혀 결실, 곧 열매를 맺지 못한 자들입니
다. 반대로 옥토에 뿌린 씨는 곧 말씀을 듣고 받아 삼십 배, 육십
배…… 맺었느니라 고 기록되어 있습니다.

● (고린도전서 3:1-3)
1 형제들아 내가 신령한 자들을 대함과 같이 너희에게 말할 수 없
어서 육신에 속한 자 곧 그리스도 안에서 어린아이들을 대함과 같
이 하노라 2 내가 너희를 젖으로 먹이고 밥으로 아니하였노니 이
는 너희가 감당치 못하였음이거니와 지금도 못하리라 3 너희가 아
직도 육신에 속한 자로다 너희 가운데 시기와 분쟁이 있으니 어찌
육신에 속하여 사람을 따라 행함이 아니리요

우리가 태어나서 젖을 먹고 밥을 먹어서 성장하는 것처럼 바
울 사도도 처음에는 젖의 말씀으로 나중에는 밥의 말씀을 고린
도교회 성도들에게 먹여주려고 했습니다. 그러나 성도들이 밥의
말씀을 잘 먹지는 못했습니다.
마찬가지로 가시떨기에 뿌려진 씨와 같은 신앙의 사람은 밥의
말씀을 먹지 못한 신앙생활을 한 사람입니다. 옥토에 뿌려진 씨
와 같은 신앙의 사람은 밥의 말씀을 먹으며 신앙생활을 한 사람
입니다.

(5) 밤의 말씀은 야곱을 이스라엘이라고 불리게 합니다.

● (창세기 35:8-11)

8 리브가의 유모 드보라가 죽으매 그를 벧엘 아래 상수리나무 밑에 장사하고 그 나무 이름을 알론바굿이라 불렀더라 9 야곱이 밧단아람에서 돌아오매 하나님이 다시 야곱에게 나타나사 그에게 복을 주시고 10 그에게 이르시되 네 이름이 야곱이다마는 네 이름을 다시는 야곱이라 부르지 않겠고 이스라엘이 네 이름이 되리라 하시고 그가 그의 이름을 이스라엘이라 부르시고 11 그에게 이르시되 나는 전능한 하나님이니라 생육하며 번성하라 국민과 많은 국민이 네게서 나고 왕들이 네 허리에서 나오리라

위의 말씀은 유모 드보라가 죽어 장사한 후에 하나님께서 이제는 야곱이라 부르지 않고 이스라엘이라 부른다고 했습니다. 이스라엘은 히브리어로 '이기는 자' 라는 뜻입니다. 야곱은 속이는 자 사기꾼이라는 뜻입니다. 야곱의 이름의 뜻의 신앙차원은 성령 충만 단계를 말합니다. 성령 충만 단계의 신앙은 5차원에 속한다고 할 수 있습니다.

여러 가지 은사도 받은 야곱이 얍복강가에서 예수님과 씨름하여 이겨서 받은 이름이 이스라엘이었습니다.(창32:24) 그러나 부르기는 계속 야곱이라고 불렀습니다. 얍복강가에서 씨름할 때 축복을 달라고 했습니다. 이미 야곱은 많은 축복을 받았습니다. 외삼촌 라반의 집에서 얻은 아내들 자녀들, 양떼, 소떼, 재산이 많았습니다. 이 축복은 성령 충만 단계에서 받은 복이었습니다.

야곱이 아버지 이삭에게 별미 축복 받은 것이 성령 충만 받은 것이고 형 에서에게 팥죽을 주고 장자의 명분을 산 것은 구속 받아 하나님의 자녀로 거듭난 것을 말합니다.

성령 충만 받은 야곱이 벧엘에서 사닥다리 꿈을 꾸고 하나님이 항상 함께 하신다고 하셨습니다. 외삼촌 라반의 집에서 샛별이 뜰 때 일어나 해 질 때까지 열심히 일해서 축복도 많이 받았습니다. 야곱이 열심히 충성 봉사하는 신앙생활을 말합니다. 이러한 야곱에게 하나님이 여러 가지 많은 축복을 주셨습니다.

그런 생활을 계속하다가 야곱이 요셉을 낳고 비로소 신앙이 성령 충만 단계인 5차원 밖에 안 되는 것을 깨닫고 외삼촌 집에서 떠나게 된 것입니다. 얍복 강가에서 예수님께 7차원이 되게 해달라고 밤이 새도록 기도를 한 것입니다. 성령 차원에서 아무리 축복을 많이 받아도 6차원인 적그리스도를 이길 수 없어 지옥으로 끌려갈 수밖에 없다는 것을 비로소 깨닫게 되었던 것입니다.

이 땅에서 축복 많이 받아서 잘 먹고 잘 살아도 지옥으로 가면 무슨 소용이 있는가? 그래서 야곱이 죽음을 각오하고 천국 갈 수 있게 해달라고 기도한 것입니다. 그래서(창32:28)에 하나님과 사람 곧 예수님이 이제는 네 이름을 이스라엘 '이기는 자'라고 지어주신 것입니다.

이름을 받았으면 벧엘로 올라가야 7차원이 되는데 벧엘로 올라가지 않고 세겜으로 내려갔습니다. 믿음은 있는데 행함이 없었습니다. 세겜에서 사랑하는 딸 디나가 저주 받은 하몰 족속에게 강간을 당했습니다.(창세기 34장) 하나님은 이렇게도 하십니다.

야곱이 6차원을 이기는 7차원의 믿음을 마음에는 가졌지만 행함이 없는 믿음은 죽은 믿음이기에 끔찍한 일도 당하게 하시는 것입니다. 그리고 야곱의 아들들이 세겜 사람들을 다 죽였습니다. 비로소 야곱이 6차원을 이기는 믿음은 있으나 행함이 없다는 것을 알게 되었습니다. 그래서 자기에게 있는 모든 이방 신상과 귀의 고리를 빼어 상수리나무 아래에 묻고 벧엘로 올라갔습니다.(창세기 35장)

벧엘로 올라 간 것은 떡집을 말합니다. 떡 집으로 올라간 것은 하나님의 말씀의 집으로 올라갔다는 뜻입니다. 그 전에는 마음에 믿음만 있다가 이제는 하나님의 말씀대로 행하는 믿음까지 갖게 된 것입니다.

오늘날 성령 충만, 은사 충만 받는 것을 최고로 아는 자들이 너무나 많습니다. 누가복음 18장에서 예수님은 인자가 올 때에 세상에서 믿음을 보겠느냐 하셨는데, 이 말씀은 믿는 자는 많은데 적그리스도 이길 수 있는 7차원의 믿음을 가진 신랑이신 예수님을 맞이할 자는 심히 적다고 하신 말씀입니다.

(6) 밥의 말씀 중에 검(칼)의 말씀이 있습니다.

6-1. 내적인 자아를 처리하는 좌우에 날선 검(칼)의 말씀

● (히브리서 4:12)
하나님의 말씀은 살았고 운동력이 있어 좌우에 날선 어떤 검보다
도 예리하여 혼과 영과 및 관절과 골수를 찔러 쪼개기까지 하며 또
마음의 생각과 뜻을 감찰하나니

히브리서 3장 7절부터 12절에는 성령과 은사가 충만한 광야교
회 1세대 성도들이 가나안 땅(천년왕국과 천국)에 들어가지 못
한 이유를 설명하고 있는데 '마음이 강퍅해서, 불순종해서, 믿음
화 시키지 못해서'였습니다. 그 원인은 히브리서 4장 12절에 나
오는 것처럼 예리한 좌우에 날선 검으로 내적 자아를 처리하지
않았기 때문입니다. 진리를 충만하게 주시는 예수님은 예리한 좌
우에 날선 검, 칼의 말씀을 주시는 분이십니다.

육신의 아버지도 어느 경우에는 칼을 주기도 하십니다. 칼이
잘 들어야지 이가 빠지거나 무디면 과일도 깎아 먹지 못하게 됩
니다. 이런 칼은 오히려 다치게만 할뿐 소용이 없습니다. 하늘에
계신 하나님 아버지도 우리에게 칼을 주시는데 과일을 깎아 먹
으라고 주시는 것이 아니라 우리 마음속에 있는 자아를 처리하
라고 좌우에 날선 예리한 칼의 말씀을 주시는 것입니다.

그렇다면 우리 속에 있는 자아란 과연 무엇인가요? 단계 5 자아

처리에서 상고하도록 합시다.

6-2. 바다의 용을 죽이는 견고하고 크고 강한 칼의 말씀

●(이사야 27:1)
그 날에 여호와께서 그 견고하고 크고 강한 칼로 날랜 뱀 리워야단
곧 꼬불꼬불한 뱀 리워야단을 벌하시며 바다에 있는 용을 죽이시
리라

여기서 견고하고 크고 강한 칼은 예리한 칼의 하나님의 말씀
입니다.

뱀이나 용은 마귀 사탄을 말하는데 우리 자아의 본체인 마귀
사탄을 상징합니다. 자아의 본체인 마귀 사탄을 죽이려면 견고하
고 크고 강한 칼이 있어야 되는 것입니다.

우리가 예수님 믿고 기도도 많이 하고 충성 봉사도 열심히 하
라는 말씀도 들어야 되지만 자아를 처리하는 칼의 말씀도 자꾸
들어야 되는 것입니다. 자아 죽이는 칼의 말씀을 안 들으면서 신
앙생활을 하면 자아는 안 죽으니 그 영혼이 세상 떠나면 지옥 밖
에 갈 곳이 없습니다.

자아 처리 하는 칼의 말씀을 들으면서 신앙생활을 해야 앞으
로 나타날 자아의 화신체인 적그리스도가 나타나는 그때에 이기
게 되는 것입니다. 그래야 영생을 얻을 수 있게 되는 것입니다.

6-3. 땅의 익은 곡식을 거두는 이한 낫의 말씀

● (요한계시록 14:14-16)

14 또 내가 보니 흰 구름이 있고 구름 위에 사람의 아들과 같은 이가 앉았는데 그 머리에는 금면류관이 있고 그 손에는 이한 낫을 가졌더라 15 또 다른 천사가 성전으로부터 나와 구름 위에 앉은 이를 향하여 큰 음성으로 외쳐 가로되 네 낫을 휘둘러 거두라 거둘 때가 이르러 땅에 곡식이 다 익었음이로다 하니 16 구름 위에 앉으신 이가 낫을 땅에 휘두르매 곡식이 거두어지니라

이 말씀은 예수님이 재림 하시는데 예수님 손에 이한 낫을 가지고 땅에 익은 곡식을 다 거두어 드린다는 말씀입니다. 요한계시록 19장에 나오는 재림 하시는 예수님의 입에서 이한 검과 땅에 익은 곡식을 거두는 이한 낫은 다 하나님의 검의 말씀입니다 입으로 나오는 이한 검의 말씀은 적그리스도, 음녀, 거짓선지자를 악인들을 죽여서 지옥으로 보내는 말씀이고 재림 하시는 예수님의 손에 있는 이한 낫은 아주 예리한 낫을 말하는데 알곡 신자들을 거둬들여 천국 보내는 말씀입니다.

6-4. 발람의 교훈, 곧 니골라당의 교훈을 지키는 자들과
##　　　　싸우는 검의 말씀

● (요한계시록 2:14-16)

14 그러나 네게 두어 가지 책망할 것이 있나니 거기 네게 발람의

위의 말씀은 예수님께서 발람의 교훈, 니골라 당의 교훈을 지키는 자들을 검의 말씀으로 싸우겠다는 말씀입니다.

발람이 누구인가요? 구약의 선지자입니다. 그런데 발람이 우상의 제물을 먹게 했고 행음하게 했습니다(민22장). 가나안을 향해서 가고 있는 광야 이스라엘 백성들에게 말입니다. 발람은 거짓 선지자로 이 거짓 선지자 속에는 마귀 사탄이 들어가서 그렇게 된 것입니다.

우상의 제물을 먹고 행음하면 안 된다고 가르치다가도 마귀 사탄이 하나님의 종 마음속에 들어가면 자기도 우상의 제물을 먹고 행음하며 성도들도 그렇게 만듭니다. 발람의 교훈은 마귀 사탄의 교훈인데 주의 종이나 성도들은 유혹을 받지 말아야 됩니다.

그러나 오늘날 그런 주의 종이 많이 있습니다. 발람의 교훈은 본문에 니골라 당의 교훈이라고 했습니다. 발람의 교훈은 말씀인데 니골라 당의 말씀이 되었다는 뜻으로 교훈이 들어가면 신앙이 생기는 것입니다.

니골라는 어느 시대 사람인가요? 발람은 광야 이스라엘 백성

들의 시대의 약 3000여년 전 선지자이고 니골라는 오순절 마가
다락방에 성령이 임했을 때 7명의 집사 중 한 명이었습니다.

● (사도행전 6:5)
온 무리가 이 말을 기뻐하여 믿음과 성령이 충만한 사람 스데반과
또 빌립과 브로고로와 니가노르와 디몬과 바메나와 유대교에 입교
한 안디옥 사람 니골라를 택하여

발람에게 들어갔던 마귀 사탄이 니골라에게도 들어갔던 것입
니다. 구약 광야교회의 마귀 사탄이 오순절 성령이 임하여 시작
된 신약 교회에 나타난 것입니다. 이 마귀 사탄은 기회만 있으면
주의 종, 성도들 속에 들어가서 시대를 가리지 않고 우상의 제물
을 먹게 하고 행음하게 만드는 것입니다. 그러므로 우리의 신앙
생활은 섰다고 생각하지 말고 넘어질까 항상 염려하며 깨어 있
어야 물리칠 수 있습니다. 우상의 제물을 먹고 행음하는 것이 무
엇인지 우리가 알아야 됩니다. 우상의 제물을 먹게 했다는 것은
욕심을 부리게 했다는 말씀입니다.
　니골라당의 욕심을 부리는 신앙생활을 하는 자들은 지상 재림
하시는 예수님의 입에서 나오는 검(칼)의 말씀에 심판 받아 둘째
사망에 이르게 되는 것입니다.

3. 진리 충만의 단계에 이르는 비결

(1) 하나님에 의한 직접적인 방법

1-1. 사도바울 : 아라비아 광야에 들어가 예수 그리스도의 계시에 의해서

● (갈라디아서 1:11-12)

11 형제들아 내가 너희에게 알게 하노니 내가 전한 복음이 사람의 뜻을 따라 된 것이 아니라 12 이는 내가 사람에게서 받은 것도 아니요 배운 것도 아니요 오직 예수 그리스도의 계시로 말미암은 것이라

바울 사도는 성령 충만 은사 충만 받고 예수는 그리스도라고 전파하다가 아라비아 광야로 들어가서 예수 그리스도의 계시의 은사에 의해서 직접 깨달아 진리 차원에 이르게 되었습니다. 진리 충만 차원에 이르는 비결은 바울 사도처럼 하나님께 직접 받는 방법이 있고 사람에 의한 간접적인 방법이 있습니다. 성경에는 하나님께 직접 계시의 은사를 받은 인물들이 모세, 솔로몬, 다니엘, 바울 사도, 요한 사도 등 많이 있습니다.

위 말씀에 바울 사도는 아라비아 광야로 들어가서 계시의 은사 받아 가지고 나와서 우리 기독교계를 가장 빛낸 분입니다 이 바울 사도는 한때 예수님의 제자들을 핍박하는 대장 노릇을 했

습니다. 그런 바울 사도가 어떻게 기독교계를 가장 빛낸 사도 중의 사도가 되었을까요? 그것은 다른 것이 아닙니다. 진리차원에 이르렀기 때문입니다 하나님께 직접 계시의 은사를 받기 전에는 베냐민 지파였고 조상 대대로 믿는 집의 후손이었고 뱃속에 잉태 되었을 때부터 성경 말씀을 듣고 자라고 성경 위주의 교육을 받은 정통적인 유태인이었습니다. 가말리엘 문하생까지 되어 구약 성경에 능통한 신학자였습니다. 아는데 그치는 것이 아니라 행함까지 실천한 사람이었습니다(빌3:5-6).

예루살렘 성전에서 신앙생활 할 때에는 인정도 받아서 오순절 초대 교회의 성도들을 핍박하러 보낼 때 가장 알맞은 적임자로 뽑혔습니다. 이 당시에는 사울이었습니다. 예루살렘 성전에 있는 대제사장들에게 인정을 받은 것입니다. 핍박하라고 보내는 사람이 실력이 있어야지 실력도 없으면 오히려 미혹되어 넘어가기 때문에 안 되는 것입니다.

당시의 사울은 똑똑하고 유능하고 신앙생활도 철저해서 뽑혀서 갔는데 스데반 집사가 돌에 맞아 죽을 때도 사울도 죽이는데 같이 동참을 했습니다(행7:58). 이렇게 핍박하고 돌아다니던 사울이 다메섹에서 부활하신 예수님 만나고 직가라는 여관에 들어가서 식음을 전폐하고 있다가 아나니아라 하는 예수님의 제자에게 안수 기도 받고 성령 충만을 받고 눈에서 뱀 비늘 같은 것이 벗어지자 예루살렘 성전에서의 신앙생활이 잘못된 것을 깨닫고 예루살렘 성전으로 돌아가지 않고 다메섹 각 회당에서 은혜복음을 전파하여 유대인들을 굴복시키기까지 했습니다(행9:1-22).

세상의 유명한 자들은 바울 사도에게 유익이 없다는 것을 깨닫고 예루살렘 성전으로 돌아가지 않고 아라비아 광야로 들어간 것입니다.

실제로 예수님이 예루살렘 성전의 바리새인, 서기관들에게 뭐라고 말씀하셨습니까? 천국 문을 가로 막고 자기들도 들어가지 못하고 남도 못 들어가게 한다고 하셨습니다. 전도해서 배나 더 지옥 자식을 만든다고 하셨습니다. 너희 아비는 마귀라고도 하셨습니다. 하나님의 일을 하는 것이 아니라 마귀의 일을 한다고도 하셨습니다. 예수님은 진리의 말씀을 전하셨는데 예루살렘 성전의 바리새인, 서기관들은 진리의 말씀을 듣지도 않았습니다.

● (마태복음 23:15)
15 화 있을진저 외식하는 서기관들과 바리새인들이여 너희는 교인 하나를 얻기 위하여 바다와 육지를 두루 다니다가 생기면 너희보다 배나 더 지옥 자식이 되게 하는도다

● (요한복음 8:44)
44 너희는 너희 아비 마귀에게서 났으니 너희 아비의 욕심을 너희도 행하고자 하느니라 저는 처음부터 살인한 자요 진리가 그 속에 없으므로 진리에 서지 못하고 거짓을 말할 때마다 제 것으로 말하나니 이는 저가 거짓말장이요 거짓의 아비가 되었음이니라

위의 말씀에서 바리새인, 서기관은 오늘날 주의 종, 신학자들을 말합니다. 이들을 향해 아비가 마귀라고 예수님께서 말씀 하셨습니다.

바울 사도는 모든 영광을 뒤로 하고 아라비아 광야와 다소에서 14년 동안 하나님과 예수님과 직접 교제하면서 진리 차원에 이르게 한 계시의 은사를 받아서 기록된 말씀이 갈라디아서를 위시해서 바울서신 13권인 것입니다.

● (갈라디아서 1:11-12)
11 형제들아 내가 너희에게 알게 하노니 내가 전한 복음이 사람의 뜻을 따라 된 것이 아니라 12 이는 내가 사람에게서 받은 것도 아니요 배운 것도 아니요 오직 예수 그리스도의 계시로 말미암은 것이라

1-2. 사도요한 : 밧모 섬에 유배되어 예수 그리스도의 계시에 의해서

● (요한계시록 1:1)
예수 그리스도의 계시라 이는 하나님이 그에게 주사 반드시 속히 될 일을 그 종들에게 보이시려고 그 천사를 그 종 요한에게 보내어 지시하신 것이라

요한 사도는 예수님의 12사도 중 예수님의 사랑을 가장 많이 받은 제자입니다(요13:23, 20:2). 위 말씀은 요한 사도가 밧모라는 섬으로 유배를 갔는데 어느 주님의 날에 하나님께 계시의 은

사를 받아서 요한 계시록을 기록했다는 내용입니다.

　요한 사도는 오순절 마가 다락방에 성령이 임했을 때 성령을 충만히 받았습니다. 베드로 사도와 함께 앉은뱅이도 고치고(행 3:1-10), 표적과 기사를 많이 행하고(행5:12) 옥에 갇히기도(행 5:18) 했습니다. 사도들이 다 순교 했는데 전해오는 이야기로는 요한 사도를 펄펄 끓는 기름 가마솥에 넣어도 하나님이 지켜 주셔서 죽지 않고 살았습니다. 다니엘과 세 동무도 풀무 불과 사자 굴에 들어갔어도 하나님이 지켜주셔서 머리카락 하나도 상하지 않았습니다. 앞으로 다가오는 환난 시대에도 하나님이 보호하시면 모든 환난을 이길 수 있습니다.

　그 당시는 도미티안 황제가 핍박하던 시절이었습니다. 가장 악한 죄수들만 있는 밧모 섬으로 요한 사도를 유배 보냈는데 거기서도 신앙을 지킨 요한 사도입니다 성령 충만 은사 충만은 이미 받았어도 요한 계시록을 기록하려면 다시 계시의 은사를 받아야 됩니다. 이러므로 하나님은 요한 사도에게 어느 주님의 날에 계시의 은사를 주셨습니다. 계시록의 기록 연대는 성경에 없지만 대략 AD 92~97년경이라고 학자들이 보고 있습니다. A.D. 29년 경에 성령 충만 받고 63년쯤 지난 뒤에 계시의 은사를 받아서 기록하게 되었습니다.

　성령 충만 받아서 아는 하나님의 말씀은 젖의 말씀이라고도 합니다. 계시의 은사에 의해서 깨달은 말씀을 밥의 말씀이라고도 합니다. 이 밥의 말씀을 먹으면서 신앙생활을 해야 장성한 자요 그리스도의 분량에 이르는 자가 되어 영생의 복을 받게 됩니다.

1-3. 솔로몬 왕 : 기브온 산당에서 일천번제를 드려 받은 지혜와 총명의 은사에 의해서

● (열왕기상 3:11-12)
11 이에 하나님이 저에게 이르시되 네가 이것을 구하도다 자기를 위하여 수도 구하지 아니하며 부도 구하지 아니하며 자기의 원수의 생명 멸하기도 구하지 아니하고 오직 송사를 듣고 분별하는 지혜를 구하였은즉 12 내가 네 말대로 하여 네게 지혜롭고 총명한 마음을 주노니 너의 전에도 너와 같은 자가 없었거니와 너의 후에도 너와 같은 자가 일어남이 없으리라

● (역대상 22:12)
여호와께서 네게 지혜와 총명을 주사 너로 이스라엘을 다스리게 하시고 너의 하나님 여호와의 율법을 지키게 하시기를 더욱 원하노라

위의 말씀은 솔로몬이 왕이 되었을 때 내가 어떻게 하여야 이 백성을 선, 악을 분별해 나라를 잘 다스리는 왕이 될까 해서 예루살렘 성전을 건축하기 전 기브온 산당에 내려가서 일천 번제를 드린 것입니다 천 번을 드린 것이 아니고 제물을 천 마리 드린 말씀입니다.

솔로몬이 하나님 앞에 구한 것은 지혜였습니다. 그러자 하나님께서는 총명도 주셨습니다. 이 총명의 은사가 신약의 계시의 은사와 같습니다.

솔로몬왕은 성령이 충만했습니다. 왜 그렇습니까? '종은 작은 아이라 출입 할 줄 모르나이다.(왕상3:7)'라고 했기 때문입니다. 문자적으로 작은 아이라고 해서 어린아이로 알면 안 됩니다. 신앙 차원을 말하는 것입니다. 영적으로 어린아이의 신앙은 성령 충만한 고린도 교인들이 대표적이었습니다.(고전3:1) 기브온 산당에 내려가서 지혜를 주셔서 선악을 옳게 분별해 백성을 잘 다스리게 해달라는 일천번제를 드린 솔로몬에게 하나님이 지혜와 총명의 은사까지 주셔서 지혜로운 왕이 되게 하셨습니다.

하나님의 응답의 결과로 선악을 옳게 분별하는 칼을 주셨습니다. 열왕기상 3장의 재판을 통해서 알 수가 있습니다. 두 창기가 아들을 데리고 나와서 분별해 달라고 했는데 칼을 가지고 심판했습니다. 이 칼이 진리의 칼의 말씀입니다(엡6:17).

● (열왕기상 3:23-25)
23 왕이 가로되 이는 말하기를 산 것은 내 아들이요 죽은 것은 네 아들이라 하고 저는 말하기를 아니라 죽은 것이 네 아들이요 산 것이 내 아들이라 하는도다 하고 24 또 가로되 칼을 내게로 가져오라 하니 칼을 왕의 앞으로 가져온지라 25 왕이 이르되 산 아들을 둘에 나눠 반은 이에게 주고 반은 저에게 주라

성령 충만 은사 충만 받고 방언 예언 병도 고치는 은사도 받아야 되지만 진리 차원에 이르게 하는 은사를 받지 못하면 아무 소용이 없습니다. 성령 충만 받고 진리 충만까지 받아서 진리의 칼의 말씀까지 성도들은 먹고 장성한 자의 분량에 이르러 신랑 예수 맞이하는 믿음의 사람이 되어야 됩니다.

계속해서 진리 충만 단계에 이르는 비결의 말씀을 먹고. 먹고 먹어서 새겨 앞으로 나타날 적그리스도와 거짓 선지자 음녀의 세력들을 이기는 신앙의 사람이 되어야 합니다.

1-4. 다니엘과 세 동무 : 물과 채식하므로
지혜와 총명과 명철의 은사에 의해서

● (다니엘 1:20)

20 왕이 그들에게 모든 일을 묻는 중에 그 지혜와 총명이 온 나라 박수와 술객보다 십 배나 나은 줄을 아니라

● (다니엘 5:11)

왕의 나라에 거룩한 신들의 영이 있는 사람이 있으니 곧 왕의 부친 때에 있던 자로서 명철과 총명과 지혜가 있어 신들의 지혜와 같은 자라 왕의 부친 느부갓네살 왕이 그를 세워 박수와 술객과 갈대아 술사와 점장이의 어른을 삼으셨으니

바벨론에 포로로 끌려간 소년들 중에 특별히 선택된 네 명의 소년 다니엘, 사드락, 메삭, 아벳느고가 있었습니다. 이들이 삼년

동안 바벨론 궁에서 교육을 받을 때 왕의 진미와 포도주는 먹지 않고 채소와 물만 먹었습니다.(단1:12-16) 채소와 물만 먹은 그들의 지혜와 총명이 바벨론의 박수와 술객보다 십 배나 더 뛰어났습니다.

다니엘 5장 11절을 보면. 다니엘은 명철과 총명과 지혜를 받았는데 신들의 지혜와 같다고 했습니다. 지혜와 총명의 은사는 밥의 말씀을 깨닫게 해주는 은사로써 다니엘은 느부갓네살 왕의 꿈(금신상, 땅의 중앙에 있는 한 나무)을 해석 했고, 분벽의 글자를 해석 하는 등 구약의 계시록이라고 할 수 있는 다니엘서를 기록한 것입니다.

하나님의 말씀 중 젖의 말씀을 먹다가 이유식을 하고 밥의 말씀을 먹어야 우리의 영이 건강하게 잘 자라듯 이제는 우리가 지혜와 총명의 은사를 받아야 됩니다. 지혜와 총명의 은사를 받지 못하면 밥의 말씀을 깨닫지 못하고 가르쳐줘도 알아듣지 못하고 이해도 못하고 성경 말씀을 읽어도 깨닫지 못하게 됩니다.

젖의 말씀만 먹고 밥의 말씀을 먹지 못하면 우리의 영이 자라지 못해서 신랑 예수 맞이하지 못하고 마귀 사단의 밥이 되어 버립니다. 마귀 사단은 우리의 영을 유괴하는 유괴범이라고도 할 수 있습니다. 유괴범이 어른은 유괴하기가 어려워도 어린아이는 쉽게 유괴할 수 있습니다. 그러므로 밥의 말씀을 잘 먹고 잘 자라서 성숙한 어른이 되어야 합니다.

(2) 사람에 의한 간접적인 방법

1) 누구에게 배울 것

● (히브리서 5:12)
때가 오래므로 너희가 마땅히 선생이 될 터인데 너희가 다시 하나님의 말씀의 초보가 무엇인지 누구에게 가르침을 받아야 할 것이니 젖이나 먹고 단단한 식물을 못 먹을 자가 되었도다

● (디모데후서 3:14-15)
14 그러나 너는 배우고 확신한 일에 거하라 네가 뉘게서 배운 것을 알며 15 또 네가 어려서부터 성경을 알았나니 성경은 능히 너로 하여금 그리스도 예수 안에 있는 믿음으로 말미암아 구원에 이르는 지혜가 있게 하느니라

● (신명기 28:1)
네가 네 하나님 여호와의 말씀을 삼가 듣고 내가 오늘날 네게 명하는 그 모든 명령을 지켜 행하면 네 하나님 여호와께서 너를 세계 모든 민족 위에 뛰어나게 하실 것이라

● (마태복음 24:32)
무화과나무의 비유를 배우라 그 가지가 연하여지고 잎사귀를 내면 여름이 가까운 줄을 아나니

진리 차원에 이르는 방법 중에 하나님께 직접 받는 방법이 있고, 사람을 통해서 간접적으로 진리 차원에 이르는 방법이 있는데 위의 말씀은 사람을 통해서 간접적으로 진리차원에 이르게 된다는 말씀입니다.

모세는 가시떨기나무 불꽃 가운데서 하나님께 직접 성령 충만 받았습니다. 양을 치던 지팡이가 기적, 이적을 행하는 능력의 지팡이로 변한 것은 성령의 권능도 하나님께 직접 받았기 때문입니다. 그리고 애굽에서 이스라엘 백성들을 이끌고 나와 시내산에서 금식하면서 하나님께 직접 계시의 은사를 받아 십계명을 위시해 모든 율법을 받았습니다.

특별히 아론, 미리암, 여호수아, 갈렙에게 모세가 가르쳐 주었고 이들은 그 말씀을 잘 듣고 배워서 이스라엘 백성들을 가나안 땅에 들어가도록 잘 인도하는 일을 했습니다.

또 다니엘은 바벨론 궁에서 왕이 먹는 진미와 포도주는 먹지 않고 물과 채소만 먹으면서 하나님께로부터 지혜와 총명의 은사를 받아서 사드락, 메삭, 아벳느고에게 잘 가르쳐 주었고 그들은 잘 배워서 그대로 생활을 했습니다.

신약에 와서는 바울 사도가 다메섹에서 부활하신 예수님을 만나고 직가의 여관에서 성령 충만 받아 아라비아 광야, 다소에 들어가서 모두 14년 동안 부활하신 예수님께 계시의 은사를 받아 하나님의 말씀을 깨달아 나와서 디모데, 누가, 실라 등 많은 동역

자들에게 가르쳐 주었습니다. 바울 사도에게 가르침을 받은 동역자들은 바울 사도를 잘 도와서 하나님의 일을 했습니다.

요한 사도는 베드로 사도보다 더 예수님의 사랑을 많이 받았습니다. 그래서 예수님의 품에도 안겼고 예수님이 돌아가실 때 어머니를 부탁도 하셨습니다.

오순절 성령이 임했을 때 성령을 충만히 받아서 베드로사도와 함께 사역 하다가 60여년 후에 밧모섬으로 유배를 갔습니다. 밧모 섬에서 어느 주님의 날에 계시의 은사를 받아서 요한계시록을 기록하라고 해서 계시록 1장부터 22장까지 기록을 한 것입니다. 요한 계시록을 그 종들에게 가르쳐주라고 그 종 요한 사도에게 하나님의 7영의 성령의 계시의 은사를 주셔서 기록한 것입니다(계1:1).

계시의 은사를 받아서 깨달은 요한 사도와 같은 그 종이 오늘날에도 있습니다. 직접 진리 차원에 이르는 종이 있는가 하면 배워서 진리 차원에 이르는 종이 있는 것입니다. 성도들은 그런 주의 종을 통해서 잘 배워서 심비(心碑)에 잘 새겨서 진리 차원에 이르게 되는 것입니다.

2) 누구에게 배우는 방법

2-1. 듣고 배워야 함

● (신명기 31:11-12)

11 온 이스라엘이 네 하나님 여호와 앞 그 택하신 곳에 모일 때에
이 율법을 낭독하여 온 이스라엘로 듣게 할찌니 12 곧 백성의 남
녀와 유치와 네 성 안에 우거하는 타국인을 모으고 그들로 듣고 배
우고 네 하나님 여호와를 경외하며 이 율법의 모든 말씀을 지켜 행
하게 하고

● (신명기 4:10)

네가 호렙 산에서 네 하나님 여호와 앞에 섰던 날에 여호와께서 내
게 이르시기를 나를 위하여 백성을 모으라 내가 그들에게 내 말을
들려서 그들로 세상에 사는 날 동안 나 경외함을 배우게 하며 그
자녀에게 가르치게 하려 하노라 하시매

● (신명기 5:1)

모세가 온 이스라엘을 불러 그들에게 이르되 이스라엘아 오늘 내가
너희 귀에 말하는 규례와 법도를 듣고 그것을 배우며 지켜 행하라

● (요한계시록 1:3)

이 예언의 말씀을 읽는 자와 듣는 자들과 그 가운데 기록한 것을
지키는 자들이 복이 있나니 때가 가까움이라

(읽는 자 : 가르치는 자, 듣는 자들 : 배우는 자들, 지키는 자들 : 행하는 자들)

진리 충만 단계에 이르는 비결 중에서 두 번째 누구에게 배우는 방법이 있습니다. 이것은 하나님의 계시의 은사에 의해서 직접 깨달은 그 종에게 배우는 방법입니다. 배우기 위해서는 잘 들어야 합니다.

신명기 하나님의 말씀을 듣고 배우라고 했습니다. (신28:1)에 말씀을 듣되 삼가 들으라고 했습니다. 우리가 진리 차원에 들어가려면 하나님의 말씀을 들으면서 잘 배워야 되는 것입니다. 들을 수 있는 귀가 있어야 되고 잘 듣기 위해서 삼가 듣고 배우라고 했습니다. 보는 것도 중요하지만 듣는 것이 아주 중요합니다.

왜 듣고 배우라고 했나요? 잘못 들으면 안 되기 때문입니다. 옳은 것인데도 내가 잘 못들을 수도 있고 배우는데 미처 깨닫지 못할 때도 있고 또 가르치는 자가 잘못 가르칠 때도 있습니다. 잘못된 것을 모르고 들으면 안 되는 것입니다.

잘못된 말씀을 우리가 배우면 안 됩니다. 옳은 말씀 옳은 진리를 배워야 됩니다. 요즘은 이단들이 말씀을 가지고 나오는데 그 말씀을 들으면 안 되는 것입니다. 그런 말씀을 듣고 분별하지 못하거나 옳은 줄 알고 따라가면 천국은 고사하고 지옥으로 가게 되는 것입니다. 하나님의 말씀을 배우면서 우리가 진리 차원으로 점점 더 올라가서 8단계까지 올라가야 영생을 얻게 되는 것입니다. 하나님의 종에게 배우되 영생을 얻게 하는 하나님의 참된 말씀을 듣고 배워야 되는 것입니다.

"예수님 믿어도 천국가고 다른 종교 믿어도 천국 간다. 이 땅의 모든 종교는 다 같은 것이다. 다 천국에 갈 수 있다"고 가르치는 종교다원주의 신앙을 가진 주의 종들의 말을 우리가 듣고 배워야 되겠습니까?
절대로 안 되는 것입니다.

그래서 삼가 듣고 배우라고 한 것입니다. 삼가 듣고 배우라는 뜻은 분별해서 잘 듣고 잘 배우라는 뜻입니다. 예수님 당시의 바리새인, 서기관들은 하나님의 말씀인 율법을 가르쳤는데 그들의 입에서 나오는 말씀을 들으면서 신앙 생활한 이스라엘 백성들은 알곡이 못되고 쭉정이가 되었습니다. 그래서 예수 그리스도께서 마태복음 23장 13절에서 천국에 못 들어간다고 하셨습니다.
요한복음 8장 44절을 보면 이런 사람들은 마귀에게서 났고 진리가 속에 없으므로 거짓말을 한다고 했습니다. 그때 있는 일은 지금도 있는 일인 것입니다(전1:9, 3:15).

2-2. 뜻이 무엇인지 배워야 함(해석해서 배워야 함)

● (마태복음 9:13)
너희는 가서 내가 긍휼을 원하고 제사를 원치 아니하노라 하신 뜻이 무엇인지 배우라 내가 의인을 부르러 온 것이 아니요 죄인을 부르러 왔노라 하시니라 우리가 진리의 말씀을 배우되 그 뜻이 무엇인지 배워야 됩니다. 뜻이 무엇이든지 풀어서 배워야 됩니다.

위의 말씀은 세리 마태의 집에 가서 식사를 하실 때 세리들과 죄인들이 모두 함께 하는 것을 보고 바리새인들이 비난하는 말입니다. 예수님을 핍박하고 비난하는 말을 할 때 예수님께서는 긍휼을 원하지 제사를 원하지 않으신다고 했습니다. 해석하면 제사는 예배요 긍휼은 아랫사람 불쌍히 여긴다는 말씀입니다.

그러면 하나님이 원하시는 예배는 어떤 예배일까요?

● (요한복음 4:24)
하나님은 영이시니 예배하는 자가 신령과 진정으로 예배할지니라
"God is a Spirit: and they that worship him must worship him in spirit and in truth."

신령과 진정의 예배를 원하십니다. 신령은 성령이요 진정은 진리의 말씀입니다. 이런 예배를 드려야 자아와 욕심이 빠져 나갑니다. 자아와 욕심이 처리되어야 영생의 복을 받을 수 있습니다.

창세기 1장에 천지창조 하시고 2장에 일곱째 되는 날 안식하시고 거룩한 복을 주셨습니다. 신약의 주일은 거룩한 복을 받는 날입니다. 그래서 예수님이 주일날 예배드리라고 하신 것입니다. 성령 충만 받은 우리에게 진리의 말씀을 충만히 먹어서 거룩한 성도가 되라고 하신 것입니다. 이 세상과 분리된 천년세계와 천

국은 거룩한 곳입니다. 거룩한 성도가 되어야만 들어 갈 수 있습니다. 우리 마음속에 자아와 욕심이 있으면 거룩하지 못하기 때문에 들어 갈수 없게 됩니다. 이래서 베드로전서 1장 13절-16절)에서는 사욕을 버리고 하나님처럼 거룩하라고 말씀하신 것입니다.

● (베드로전서 1:16)
기록하였으되 내가 거룩하니 너희도 거룩할지어다 하셨느니라

예수님이 병자를 고쳐주신 것도 하나님 잘 믿어 천국 가라고 고쳐 주신 것이지 이 땅에서 잘 먹고 잘 살라고 고쳐 주신 것 아닙니다. 세리 마태의 집에서 하신 일도 이와 같은 진리를 말씀하신 것입니다. 예루살렘 성전에는 이런 진리의 말씀의 뜻을 모르고 예배(제사)를 드렸기 때문에 열심은 있었지만 영생은 없었습니다.

우리가 십일조는 왜 드립니까?

● (말라기 3:8)
사람이 어찌 하나님의 것을 도적질하겠느냐 그러나 너희는 나의 것을 도적질하고도 말하기를 우리가 어떻게 주의 것을 도적질하였나이까 하도다 이는 곧 십일조와 헌물이라

십일조, 주일, 감사, 각종 절기헌금을 드리는 것도 뜻을 알고

드려야 되는 것입니다. 물질 욕심을 처리하기 위해서입니다.

● (마태복음 6:19~20)

19 너희를 위하여 보물을 땅에 쌓아두지 말라 거기는 좀과 동록이 해하며 도적이 구멍을 뚫고 도적질하느니라 20 오직 너희를 위하여 보물을 하늘에 쌓아두라 거기는 좀이나 동록이 해하지 못하며 도적이 구멍을 뚫지도 못하고 도적질도 못하느니라

십일조와 각종 헌물을 하늘에 쌓아두라는 말씀은 욕심을 빼라는 말씀입니다.

십일조와 각종 헌물을 하늘에 쌓아두는 욕심을 빼는 신앙의 사람은 범사가 잘 되고 강건의 복도 받게 되는 것입니다. 구하기 전에 반드시 책임져 주십니다. 솔로몬이 일천 번제를 드리고 지혜를 구했는데 총명도 주셨습니다. 그리고 칼의 말씀을 주시고 구하지 아니한 부도 전무후무하게 주셨습니다(왕상3:9-12).

우리가 성경의 뜻을 듣고 배워 진리 차원에 이르러 욕심을 빼면 구하지 않아도 하나님이 채워 주십니다. 우리는 반드시 뜻을 알고 진리 차원에 이르러야 합니다.

2-3. 일절 순종하므로 종용히 배워야함

환난 시대 사역한 여종들은 일절 순종하고 종용히 배울 것

● (디모데전서 2:11)

여자는 일절 순종함으로 종용히 배우라

이 말씀을 사도 바울이 전할 때는 은혜 복음을 전하던 시대입니다. 지금부터 2000년 전 이었기 때문에 여자들이 대우받지 못하던 시대입니다. 교회에서도 여자들은 별로 대우를 못 받던 시대였습니다. 하나님 말씀을 알고 싶으면 남편에게 순종하면서 조용히 배우라는 뜻인데 지금은 그런 시대가 아닙니다. 여자가 남자보다 대우받는 시대가 되었습니다. 앞으로는 7년 환난 시대가 되면 여자 목사들이 하나님의 종노릇을 많이 하는 시대가 올 것이라고 성경에 기록되어 있습니다(행2:18).

● (고린도전서 11:3)

그러나 나는 너희가 알기를 원하노니 각 남자의 머리는 그리스도요 여자의 머리는 남자요 그리스도의 머리는 하나님이시라

여기서 머리는 주인을 말합니다. 남자는 예수 그리스도를 말합니다. 여자는 우리 성도들을 말합니다. 이 시대는 교회에서 남자 곧 영적으로 신앙을 가르치는 예수님 닮은 목사님 따라 일절 순종함으로 잘 배우란 뜻입니다. 순종은 중요한 것입니다.

순종을 알기 위해 먼저 불순종을 알아보면 순종에 대해 더 자세히 알 수 있습니다.

아담과 하와가 선악과를 따먹은 불순종으로 인해 아담 하와의 후손으로 태어난 모든 사람은 죄인이 되어 이 땅에 태어나고 죽게 되었습니다.

그러나 예수님께서도 십자가를 지기 힘드셨지만 아버지의 원대로 하옵소서 하며 순종하심으로 십자가를 지셨습니다. 십자가에서 죽으시고 부활하신 예수님은 3층 천(天) 하나님 보좌 우편에 올라가셨습니다. 그 예수님 믿고 믿음생활을 순종함으로 잘하면 예수님 계신 천국에서 영원히 사는 복도 받게 됩니다.

그런데 요나는 불순종으로 니느웨로 가지 않고 다시스로 가다 풍랑을 만나 배에 탄 모든 사람을 고통에 빠지게 하고 요나 자신은 큰 물고기 뱃속 음부(지옥의 그림자)에 들어가게 되었습니다. 물고기 뱃속에서 요나가 회개하고 나와 하나님의 사명을 따라 순종해 니느웨로 가서 복음을 전했더니 니느웨 성의 왕을 비롯해 모든 백성이 회개하여 그 사람들을 구원 시켰습니다.

2-4. 고난당하므로 배워야 함

● (시편 119:67)
고난당하기 전에는 내가 그릇 행하였더니 이제는 주의 말씀을 지

키나이다

● (시편 119:71)
고난당한 것이 내게 유익이라 이로 인하여 내가 주의 율례를 배우
게 되었나이다

광야 이스라엘 백성은 광야 40년 동안 진리차원에 이르기 위
해 고난을 받았습니다. 광야 이스라엘 백성들에게 만나를 매일
먹으라 했습니다. 그리고 모세는 하나님께 받은 율법과 십계명을
가르쳐 진리 차원에 이르도록 배우게 했습니다.

광야는 메마른 곳입니다. 물도 없는 곳입니다. 불뱀도 있습니
다. 쓴물이 나오고 목마름이 있는 곳입니다. 메마른 곳이라 생선,
부추, 수박도 없습니다. 이스라엘 백성들이 생선, 부추, 수박, 외,
이런 것을 먹고 싶어 했습니다.

이런 고난 속에서도 하나님께서 하나님의 참된 종 모세를 통
해 이스라엘 백성 광야교회 성도들에게 진리 말씀 배워라, 진리
말씀 배워 진리 차원에 이르러야 가나안 천년세계에 들어가고
영생복도 받을 수 있다고 가르친 것입니다. 그런데 잘 배운 자들
도 있고 힘들어 못 배우겠다고 원망한 자들도 있었습니다. 잘 배
워 하나님 예수님과 함께 천년세계와 영생의 복 받은 자들은 소
수고, 원망 불평하다 가나안땅 못 들어간 자들은 다수였습니다
(고전10:5). 힘들고 어려워도 진리 말씀을 잘 배워야 합니다.

예수님의 제자들도 삼년 반 동안 예수님께 진리 말씀을 배웠습니다. 가족도 버리고 와서 배웠습니다. 세상 좋아하던 것도 다 버리고 갈릴리 바다에서 고기 잡던 직장도 버리고, 세리장의 돈 버는 자리도 버리고, 진리 말씀을 배웠습니다. 이렇게 하여 진리 차원에 이르러 예수님 제자가 되어 가장 영광스럽고 아름답고 복된 생애를 살아갔습니다. 진리 차원에 이르려면 고난이 있습니다. 그러나 그걸 다 감수하면서 진리 차원에 이르러야 합니다. 예수 믿는 목적은 영생의 복 받는 것입니다. 영생의 복보다 더 큰 복은 없습니다. 진리 차원에 이르면 영생의 복과 이 땅에서도 범사가 잘되고 강건의 복도 부족함 없이 각자 분량 따라 부어 주십니다.

2-5. 욕심에 끌리지 말고 배워야 함

● (디모데후서 3:6-7)
6 저희 중에 남의 집에 가만히 들어가 어리석은 여자를 유인하는 자들이 있으니 그 여자는 죄를 중히 지고 여러 가지 욕심에 끌린바 되어 7 항상 배우나 마침내 진리의 지식에 이를 수 없느니라

이 말씀에 나오는 '저희'는 믿는 자를 말합니다. 남의 집의 '집'은 하나님의 집 교회를 말합니다. 또 '가만히 들어간 것'은 몰래 미혹하려고 담 넘어 도적질하는 도적놈 마귀에 속한 자를 말합니다. 하나님의 아들들은 빛의 아들로 떳떳하게 대로로 올바른 신앙생활하는 정문으로 들어오는 자입니다.

'어리석은 여자'에서 여자는 성도를 말합니다. 어리석은 여자는 미련한 다섯 처녀와 같은 자로 신랑 예수 맞이하지 못하는 미련한 다섯 처녀같은 성도를 말합니다. 거짓된 신앙을 가진 자들이 천국 갈 자격 못 갖춘 성도 미련한 다섯 처녀의 신앙을 가진 자를 미혹하려고 들어온 것을 말합니다.

"그 여자는 죄를 중히 지고는 어리석은 여자는 죄(자아) 때문에, 여러 가지 욕심에 끌린바 되어"는 자기를 위해 욕심 부린 것을 말합니다.

참된 진리를 배우면서도 욕심을 처리하면서 배우지 않으면 알곡이 될 수 없다는 말씀입니다.

● (마태복음 13:22-23)
22 가시떨기에 뿌리웠다는 것은 말씀을 들으나 세상의 염려와 재리의 유혹에 말씀이 막혀 결실치 못하는 자요 23 좋은 땅에 뿌리웠다는 것은 말씀을 듣고 깨닫는 자니 결실하여 혹 백 배, 혹 육십 배, 혹 삼십 배가 되느니라 하시더라

위 말씀에서 가시떨기 밭은 거듭나서 성령 충만까지 받아 개인 종말로는 죽을 때까지 말세 성도들은 예수님 재림하실 때까지 기도도 충성 봉사도 잘하는 성도들을 말합니다. 그러나 알곡이 못 되고 쭉정이 되어 지옥 불에 가는 자들입니다. 왜냐면 이들은 세상의 염려와 재리의 유혹에 말씀이 막혀 결실하지 못한 자라 했기 때문입니다. 이들은 디모데후서 3장 6절의 욕심을 제거 못하여 진리차원에 이르지 못한 자와 같습니다.

옥토에 뿌린 씨로 30배, 60배, 100배의 열매 맺은 성도들은 하나님의 자녀로 태어나고 성령 충만 받고, 기도, 찬송, 충성, 봉사하며 진리의 말씀을 욕심 빼면서 배운 자들로 진리의 지식에 이른 자들입니다.

우리는 진리의 지식에 이르기 위해 욕심 빼면서 항상 배워야 합니다. 롯의 처, 발람, 가룟 유다, 아나니아와 삽비라처럼 욕심 버리지 못해 진리의 지식에 이르지 못한 하나님의 종, 성도들이 자아에 의해 욕심 부리다가 하나님께 저주 받아 지옥 가는 자들이 많습니다.

진리 차원의 지식에 이르러야 영생의 복과 이 땅에서도 범사가 잘 되고 강건의 복을 받게 됩니다.

진리 충만 단계(4단계)의 요약정리

1. 젖의 말씀의 단계 : 계란의 껍질과 같은 문자, 역사, 원어로 된 말씀
　　① 고린도교회의 젖 먹는 단계(고전3:1-3)
　　② 히브리서의 젖 먹는 단계(히5:12-14)

2. 밥(단단한 식물)을 먹는 단계 : 계란의 흰자, 노른자 같은 해석된 말씀
　　① 밥의 말씀은 영이 장성한 자로 자라게 합니다.(골3:10)
　　② 밥의 말씀은 멜기세덱에 관하여 해석한 말씀입니다. (히5:11)
　　③ 밥의 말씀은 완전한데로 나아가게 합니다.(히6:1-2)
　　④ 밥의 말씀은 열매를 맺게 합니다.(막4:20)
　　⑤ 밥의 말씀은 야곱을 이스라엘이라 불리워지게 합니다. (창35:8-11)
　　⑥ 밥의 말씀 중에는 검(칼)의 말씀이 있습니다.(히4:12)

3. 진리 충만의 단계에 이르는 비결
(1) 하나님에 의한 직접적인 방법
　　① 사도 바울(갈1:11-12)
　　② 사도 요한(계1:1)
　　③ 솔로몬 왕(왕상3:11-12)
　　④ 다니엘과 세 동무(단1:20)

(2) 사람에 의한 간접적인 방법
　1) 누구에게 배울 것(히5:12)

　2) 누구에게 배우는 방법
　　① 듣고 배워야 함(신31:11-12)

② 뜻이 무엇인지 배워야 함(마9:13)
③ 일절 순종함으로 배워야 함(딤전2:11)
④ 고난당하므로 배워야 함(시119:67)
⑤ 욕심에 끌리지 말고 배워야 할(딤후3:6-7)

자아 처리

1. 자아의 본체와 실체

자아의 본체와 실체는 외적인 자아의 본체와 내적인 자아의 본체와 외적인 자아의 실체로 구분되어 있습니다.

(1) 외적인 자아의 본체

1-1. 마귀(계명성, 덮는 그룹)

◑ 계명성

● (이사야 14:12-17)

12 너 아침의 아들 계명성이여 어찌 그리 하늘에서 떨어졌으며 너

열국을 엎은 자여 어찌 그리 땅에 찍혔는고 13 네가 네 마음에 이르기를 내가 하늘에 올라 하나님의 뭇별 위에 나의 보좌를 높이리라 내가 북극 집회의 산 위에 좌정하리라 14 가장 높은 구름에 올라 지극히 높은 자와 비기리라 하도다 15 그러나 이제 네가 음부 곧 구덩이의 맨 밑에 빠치우리로다 16 너를 보는 자가 주목하여 너를 자세히 살펴 보며 말하기를 이 사람이 땅을 진동시키며 열국을 경동시키며 17 세계를 황무케 하며 성읍을 파괴하며 사로잡힌 자를 그 집으로 놓아 보내지 않던 자가 아니뇨 하리로다

◑ 덮는 그룹

● (에스겔 28:16-17)
16 네 무역이 풍성하므로 네 가운데 강포가 가득하여 네가 범죄하였도다 너 덮는 그룹아 그러므로 내가 너를 더럽게 여겨 하나님의 산에서 쫓아 내었고 화광석 사이에서 멸하였도다 17 네가 아름다우므로 마음이 교만하였으며 네가 영화로우므로 네 지혜를 더럽혔음이여 내가 너를 땅에 던져 열왕 앞에 두어 그들의 구경거리가 되게 하였도다

◑ 마귀 (붉은 용, 옛 뱀, 사단)

● (요한복음 8:44)
44 너희는 너희 아비 마귀에게서 났으니 너희 아비의 욕심을 너희도 행하고자 하느니라 저는 처음부터 살인한 자요 진리가 그 속에

없으므로 진리에 서지 못하고 거짓을 말할 때마다 제 것으로 말하나니 이는 저가 거짓말장이요 거짓의 아비가 되었음이니라

● (요한계시록 12:9)
큰 용이 내어쫓기니 옛 뱀 곧 마귀라고도 하고 사단이라고도 하는 온 천하를 꾀는 자라 땅으로 내어쫓기니 그의 사자들도 저와 함께 내어쫓기니라

● (요한계시록 20:2)
용을 잡으니 곧 옛 뱀이요 마귀요 사단이라 잡아 일천 년 동안 결박하여

위의 말씀에서 "계명성, 덮는 그룹, 곧 마귀"가 외적인 자아의 본체입니다. 이 마귀는 처음부터 교만한 마음을 가지고 하나님과 비기려하다가 저주를 받았고, 에덴동산에서는 아담과 하와에게 하나님과 같이 되려는 교만한 마음까지 가지게 해서 하나님의 언약을 어기고 패역을 행하게 하여(호6:7) 하나님께 저주를 받게 했던 것입니다. 이러므로 외적인 자아의 본체는 마귀인 것입니다.

(2) 내적인 자아의 본체

2-1. 본래 진노의 자녀(마귀의 자녀)로 태어난 인간들의 마음

● (에베소서 2:1-5)

1 너희의 허물과 죄로 죽었던 너희를 살리셨도다 2 그 때에 너희가 그 가운데서 행하여 이 세상 풍속을 좇고 공중의 권세 잡은 자를 따랐으니 곧 지금 불순종의 아들들 가운데서 역사하는 영이라 3 전에는 우리도 다 그 가운데서 우리 육체의 욕심을 따라 지내며 육체와 마음의 원하는 것을 하여 다른이들과 같이 본질상 진노의 자녀이었더니 4 긍휼에 풍성하신 하나님이 우리를 사랑하신 그 큰 사랑을 인하여 5 허물로 죽은 우리를 그리스도 예수와 함께 살리셨고 (너희가 은혜로 구원을 얻은 것이라)

위의 말씀은 "선악을 알게 하는 나무의 실과는 먹지 말라 네가 먹는 날에는 정녕 죽으리라 하시니라"고 창세기 2장에서 하신 말씀과 같이 선악과를 따먹은 죄를 범함으로 외적인 자아의 본체인 마귀의 자녀로 태어난 인간들의 마음은 마귀의 마음을 가지고 태어났다는 말씀입니다. 따라서 본질상 진노의 자녀(마귀의 자녀)로 태어난 인간들의 마음이 내적인 자아의 본체인 것입니다.

2-2. 본래 죄의 종으로 태어난 인간들의 마음

● (로마서 6:17-18)

17 하나님께 감사하리로다 너희가 본래 죄의 종이더니 너희에게 전하여 준바 교훈의 본을 마음으로 순종하여 18 죄에게서 해방되어 의에게 종이 되었느니라

위의 말씀은 '죄를 짓는 자마다 마귀에게 속하나니 마귀는 처음부터 범죄함이니라'고 요한일서 3장 8절에서 하신 말씀과 같이 외적인 자아의 본체인 마귀의 자녀로 태어난 인간들의 마음은 마귀의 마음을 가지고 태어났다는 말씀입니다.

마귀의 마음은 죄의 마음입니다. 죄의 마음을 가진 마귀의 자녀로 태어난 인간들의 마음은 본래 죄의 종으로 태어났다고 합니다. 본래 죄의 종으로 태어난 인간들의 마음이 내적인 자아의 본체인 것입니다.

(3) 외적인 자아의 실체

3-1. 마귀의 화신체인 적그리스도(짐승)

● (요한계시록 13:2-8)

2 내가 본 짐승은 표범과 비슷하고 그 발은 곰의 발 같고 그 입은 사자의 입 같은데 용이 자기의 능력과 보좌와 큰 권세를 그에게 주었더라 3 그의 머리 하나가 상하여 죽게된 것 같더니 그 죽게 되었던 상처가 나으매 온 땅이 이상히 여겨 짐승을 따르고 4 용이 짐승에게 권세를 주므로 용에게 경배하며 짐승에게 경배하여 가로되 누가 이 짐승과 같으뇨 누가 능히 이로 더불어 싸우리요 하더라 5 또 짐승이 큰 말과 참람된 말하는 입을 받고 또 마흔 두달 일할 권세를 받으니라 6 짐승이 입을 벌려 하나님을 향하여 훼방하되 그의 이름과 그의 장막 곧 하늘에 거하는 자들을 훼방하더라 7 또 권세를 받

아 성도들과 싸워 이기게 되고 각 족속과 백성과 방언과 나라를 다스리는 권세를 받으니 8 죽임을 당한 어린 양의 생명책에 창세 이후로 녹명되지 못하고 이 땅에 사는 자들은 다 짐승에게 경배하리라

● (요한계시록 13:15)
저가 권세를 받아 그 짐승의 우상에게 생기를 주어 그 짐승의 우상으로 말하게 하고 또 짐승의 우상에게 경배하지 아니하는 자는 몇이든지 다 죽이게 하더라

● (요한계시록14:9-10)
9 또 다른 천사 곧 세째가 그 뒤를 따라 큰 음성으로 가로되 만일 누구든지 짐승과 그의 우상에게 경배하고 이마에나 손에 표를 받으면 10 그도 하나님의 진노의 포도주를 마시리니 그 진노의 잔에 섞인 것이 없이 부은 포도주라 거룩한 천사들 앞과 어린 양 앞에서 불과 유황으로 고난을 받으리니

위의 말씀은 큰 용이 자기의 능력, 보좌, 권세를 적그리스도에게 주어서 적그리스도가 마귀의 화신체가 됩니다. 적그리스도가 나타남으로 7년 환난이 시작되는데 7년 환난 동안에 적그리스도가 세계의 정치, 경제, 군사력을 한손에 쥐고 거룩한 곳인 하나님 성전에 서서 하나님처럼 경배를 받습니다(마24:15).

경배하지 않는 자는 누구든지 다 죽인다고 기록되어 있습니다. 인류 역사상 가장 교만한 적그리스도가 바로 자아의 외적 실체입니다.

2. 자아의 정체

● (고린도후서 10:4-6)

4 우리의 싸우는 병기는 육체에 속한 것이 아니요 오직 하나님 앞에서 견고한 진을 파하는 강력이라 5 모든 이론을 파하며 하나님 아는 것을 대적하여 높아진 것을 다 파하고 모든 생각을 사로잡아 그리스도에게 복종케 하니 6 너희의 복종이 온전히 될 때에 모든 복종치 않는 것을 벌하려고 예비하는 중에 있노라

위의 말씀에서 바울 사도는 내적 자아의 정체 5가지에 관해서 기록해 놓았습니다. 자아의 정체는 무엇일까요?

(1) (4절) 견고한 진인 자아 :
여호수아의 군대가 무너뜨린 여리고성

● (고린도후서 10:4)

우리의 싸우는 병기는 육체에 속한 것이 아니요 오직 하나님 앞에서 견고한 진을 파하는 강력이라

위의 말씀에서 바울사도는 자아의 정체를 견고한 진이라고 했습니다. 견고한 진인 자아는 여리고 성과 같이 견고한 것이어서 인간의 힘이나 방법으로는 도저히 무너뜨릴 수 없고 오직 하나님의 힘으로 하나님의 방법으로만 무너뜨릴 수 있습니다.

● (여호수아 6:12-21)

12 여호수아가 아침에 일찌기 일어나니라 제사장들이 여호와의 궤를 메고 13 일곱 제사장은 일곱 양각나팔을 잡고 여호와의 궤 앞에서 계속 진행하며 나팔을 불고 무장한 자들은 그 앞에 행하며 후군은 여호와의 궤 뒤에 행하고 제사장들은 나팔을 불며 행하니라 14 그 제 이 일에도 성을 한 번 돌고 진에 돌아오니라 엿새 동안을 이같이 행하니라 15 제 칠 일 새벽에 그들이 일찌기 일어나서 여전한 방식으로 성을 일곱 번 도니 성을 일곱 번 돌기는 그 날뿐이었더라 16 일곱 번째에 제사장들이 나팔을 불 때에 여호수아가 백성에게 이르되 외치라 여호와께서 너희에게 이 성을 주셨느니라 17 이 성과 그 가운데 모든 물건은 여호와께 바치되 기생 라합과 무릇 그 집에 동거하는 자는 살리라 이는 그가 우리의 보낸 사자를 숨겼음이니라 18 너희는 바칠 물건을 스스로 삼가라 너희가 그것을 바친 후에 그 바친 어느 것이든지 취하면 이스라엘 진으로 바침이 되어 화를 당케 할까 두려워하노라 19 은금과 동철 기구들은 다 여호와께 구별될 것이니 그것을 여호와의 곳간에 들일찌니라 20 이에 백성은 외치고 제사장들은 나팔을 불매 백성이 나팔 소리를 듣는 동시에 크게 소리질러 외치니 성벽이 무너져 내린지라 백성이 각기 앞으로 나아가 성에 들어가서 그 성을 취하고 21 성중에 있는 것을 다 멸하되 남녀 노유와 우양과 나귀를 칼날로 멸하니라

위에 나오는 여리고성은 난공불락의 성이었습니다. 높은 위치에 있었고 성벽도 이중으로 되어 있었습니다. 이런 여리고성과

같은 견고한 진이 자아입니다. 이 여리고성을 오직 하나님의 힘과 방법으로 무너뜨렸습니다.

(2) (5상) 모든 이론인 자아 :
마음이 교만하고 영화로우므로 더럽혀진 두로왕의 지혜

● (고린도후서 10:5상)
모든 이론을 파하며 하나님 아는 것을 대적하여 높아진 것을 다 파하고 모든 생각을 사로잡아 그리스도에게 복종케 하니

위의 말씀에서 바울사도는 자아의 정체를 모든 이론이라고 했습니다.

● (에스겔 28:17)
네가 아름다우므로 마음이 교만하였으며 네가 영화로우므로 네 지혜를 더럽혔음이여 내가 너를 땅에 던져 열왕 앞에 두어 그들의 구경거리가 되게 하였도다

위의 말씀에 나오는 두로 왕은 솔로몬 왕이 성전을 지을 때 많은 도움을 주었고 솔로몬에게 20성읍과 많은 곡식을 받았습니다. 두로 왕은 부강하고 부요한 나라의 왕이었습니다. 두로 왕을 에스겔 선지자는 마귀 사단과 비교하여 아름다움으로 마음이 교만해져서 지혜를 더럽혔다고 기록 했습니다.

지혜는 하늘로부터 오는 지혜와 마귀 사단으로부터 오는 지혜가 있습니다. 하늘로부터 오는 지혜는 자아를 처리해 주고 마귀 사단으로부터 오는 지혜는 자아를 더욱 요동시켜 여러 가지 이론을 만들어 냅니다.

우리 기독교계에는 여러 가지 잘못된 이론이 있습니다. 이런 이론은 더렵혀진 지혜에 의해서 나오는 자아인 것입니다.

● (야고보서 3:15-16)
15 이러한 지혜는 위로부터 내려온 것이 아니요 세상적이요 정욕적이요 마귀적이니 16 시기와 다툼이 있는 곳에는 요란과 모든 악한 일이 있음이니라

(3) (5중) 하나님 아는 것을 대적하여 높아진 것인 자아 : 자기 마음에 이르기를 하늘에 올라 보좌를 높이고 좌정하고 하나님과 비기리라한 아침의 아들 계명성의 교만

● (고린도후서 10:5중)
하나님 아는 것을 대적하여 높아진 것을 다 파하고 모든 생각을 사로잡아 그리스도에게 복종케 하니

위 구절에서 '하나님 아는 것을 대적하여 높아진 것'이 교만이라는 말씀입니다.

● (이사야 14:11-14)

11 네 영화가 음부에 떨어졌음이여 너의 비파 소리까지로다 구더기가 네 아래 깔림이여 지렁이가 너를 덮었도다 12 너 아침의 아들 계명성이여 어찌 그리 하늘에서 떨어졌으며 너 열국을 엎은 자여 어찌 그리 땅에 찍혔는고 13 네가 네 마음에 이르기를 내가 하늘에 올라 하나님의 뭇 별 위에 나의 보좌를 높이리라 내가 북극 집회의 산 위에 좌정하리라 14 가장 높은 구름에 올라 지극히 높은 자와 비기리라 하도다

● (에스겔 28:17)

네가 아름다우므로 마음이 교만하였으며 네가 영화로우므로 네 지혜를 더럽혔음이여 내가 너를 땅에 던져 열왕 앞에 두어 그들의 구경거리가 되게 하였도다

하나님에게 찬송으로 영광 돌리는 사명을 위해 지음 받은 루시퍼 천사가 하나님에게 저주받아 사단 마귀가 된 것은 자기 마음이 교만했기 때문이라는 말씀입니다. 이 교만한 사단의 마음이 자아인 것입니다.

(4) (5하) 하나님께 온전히 복종치 않는 생각인 자아 :
자기를 낮추시고 십자가에 죽기까지 온전히 복종하신 예수
그리스도

● (고린도후서 10:5하)
모든 생각을 사로잡아 그리스도에게 복종케 하니

● (빌립보서 2:8)
사람의 모양으로 나타나셨으매 자기를 낮추시고 죽기까지 복종하
셨으니 곧 십자가에 죽으심이라

● (히브리서 5:7-10)
7 그는 육체에 계실 때에 자기를 죽음에서 능히 구원하실 이에게
심한 통곡과 눈물로 간구와 소원을 올렸고 그의 경외하심을 인하
여 들으심을 얻었느니라 8 그가 아들이시라도 받으신 고난으로 순
종함을 배워서 9 온전하게 되었은즉 자기를 순종하는 모든 자에게
영원한 구원의 근원이 되시고 10 하나님께 멜기세덱의 반차를 좇
은 대제사장이라 칭하심을 받았느니라

위의 말씀은 하나님께 온전히 순종, 복종 않는 생각이 자아인
데 이 자아를 버리고 십자가를 지고 죽기까지 하나님께 온전히
복종하신 예수 그리스도를 닮은 신앙 차원에 관해서 기록한 말
씀입니다.

믿음의 사람들은 믿음의 주요 또 온전케 하시는 예수 그리스
도를 바라보고 자기를 낮추시고 마태복음 26장에서 "아버지의
원대로 되기 원하나이다"하고 세 차례 기도한 후에 십자가에 죽
기까지 온전히 복종하신 예수 그리스도를 닮아야 하는 것입니다.

**(5) (6절) 모든 복종치 않는 것(자아)을 벌하려고 예비 중에 있으
신 하나님 : 온전히 복종하지 않은 롯의 처(妻)를 소금 기둥
이 되게 심판하신 것처럼, 종말에 준비 중에 계시는 하나님**

● (고린도후서 10:6)

너희의 복종이 온전히 될 때에 모든 복종치 않는 것을 벌하려고 예

비하는 중에 있노라

● (창세기 19:23-26)

23 롯이 소알에 들어갈 때에 해가 돋았더라 24 여호와께서 하늘

곧 여호와에게로서 유황과 불을 비같이 소돔과 고모라에 내리사

25 그 성들과 온 들과 성에 거하는 모든 백성과 땅에 난 것을 다

엎어 멸하셨더라 26 롯의 아내는 뒤를 돌아본 고로 소금 기둥이

되었더라

이 말씀은 온전히 복종하지 않은 롯의 처를 소금 기둥이 되게 심판

하신 것처럼, 하나님 말씀에 순종 복종하지 않는 신앙의 사람, 즉 자

아를 처리 못한 신앙의 사람은 예수님이 재림하셔서 저 천국으로 데

려가지 않고 둘째 사망 지옥으로 보낸다는 말씀입니다.

3. 자아를 처리하는 비결

(1) 강력한 병기 곧 검의 말씀으로

● (고린도후서 10:4)
우리의 싸우는 병기는 육체에 속한 것이 아니요 오직 하나님 앞에
서 견고한 진을 파하는 강력이라

● (히브리서 4:12)
하나님의 말씀은 살았고 운동력이 있어 좌우에 날선 어떤 검보다
도 예리하여 혼과 영과 및 관절과 골수를 찔러 쪼개기까지 하며 또
마음의 생각과 뜻을 감찰하나니

위의 말씀은 견고한 진인 자아를 파하는 병기는 하나님의 말
씀 중에서도 예리한 검의 말씀이라는 뜻입니다. '찔러 쪼개기까
지 하며 또 마음의 생각과 뜻을 감찰하나니'라고 하신 말씀은 자
아를 잘 알고 칼의 말씀으로 제거한다는 뜻입니다. 자아가 온전
히 처리 되어야 온전히 거룩한 자가 되어서 영생의 복을 받을 수
있습니다.

● (데살로니가전서 5:23)
평강의 하나님이 친히 너희로 온전히 거룩하게 하시고 또 너희 온
영과 혼과 몸이 우리 주 예수 그리스도 강림하실 때에 흠 없게 보
전되기를 원하노라

(2) 하나님이 죄를 삼으신 속죄제물 되신
　　예수그리스도를 영접하므로

● (고린도후서 5:21)
하나님이 죄를 알지도 못하신 자로 우리를 대신하여 죄를 삼으신 것은 우리로 하여금 저의 안에서 하나님의 의가 되게 하려 하심이니라

● (로마서 8:3-4)
3 율법이 육신으로 말미암아 연약하여 할 수 없는 그것을 하나님은 하시나니 곧 죄를 인하여 자기 아들을 죄 있는 육신의 모양으로 보내어 육신에 죄를 정하사 4 육신을 좇지 않고 그 영을 좇아 행하는 우리에게 율법의 요구를 이루어지게 하려 하심이니라

위의 말씀은 하나님께서 죄가 없으신 예수님을 십자가에서 우리의 죄를 대신 지고 죽게 하셨다는 말씀입니다. 하나님이 그렇게 하신 것은 자아와 욕심까지 처리하는 신앙의 사람이 되어 천국에서 영생을 누리게 하시려고 예수께서 죄가 없으심에도 인간의 죄를 지고 죄가 되어 곧 속죄 제물로 십자가에 못 박혀 죽게 하셨다는 말씀입니다.

● (로마서 5:19)
한 사람의 순종치 아니함으로 많은 사람이 죄인 된 것같이 한 사람의 순종하심으로 많은 사람이 의인이 되리라

위의 말씀은 한 사람의 순종치 아니함은 아담의 범죄를 뜻합니다. 순종치 아니함, 즉 불순종은 자아이며 죄도 자아를 뜻합니다. 인간이 죄를 지은 근본 원인은 바로 자아 때문이며, 에덴동산에 쫓겨난 것도 이 자아 때문이었습니다.

● (에베소서 2:1)
너희의 허물과 죄로 죽었던 너희를 살리셨도다

허물과 죄로 인해 지옥에 갈 수 밖에 없는 우리를 예수님께서 속죄 제물이 되시어 살리셨다는 말씀입니다.

● (시편 51:5)
내가 죄악 중에 출생하였음이여 모친이 죄 중에 나를 잉태하였나이다

믿음의 선진인 다윗도 죄악 중에 태어났음을 고백하고 있습니다. 다윗도 아담의 후손이며 자아로 인한 죄를 가지고 태어났습니다. 자아를 가지고 태어난 인간들은 모두 마귀의 자식이요 죄인이며 지옥에 갈 수 밖에 없습니다. 이 자아로 인하여 만가지 욕심이 나오게 됩니다.

이런 자아까지 처리해 주기 위해서 예수님께서 속죄 제물로 죽으셨습니다. 자아까지 처리해 주신 예수님이 바로 말씀 충만하신 말씀 예수님이십니다. 창세기에서 요한계시록의 말씀까지

충만하신 예수님께서 공생에 사역하실 때(마24장, 막13장, 눅21장)에 요한계시록 핵심까지 말씀 하셨음을 알 수 있습니다. 요한 사도가 계시록을 받기 전에 말씀이 육신이 되어 오신 예수님께서는 요한계시록까지의 모든 말씀을 알고 계셨던 것입니다. 이처럼 말씀 충만한 예수님께서 속죄 제물로 우리의 자아를 처리해 주시려 오신 것입니다.

① 번제물: 십자가에 죽으신 보혈충만한 보혈예수
② 화목제물: 십자가에 죽으신 성령충만한 성령예수
③ 속죄제물: 십자가에 죽으신 말씀충만한 말씀예수

그래서 우리는 예수님 안에 있는 요한계시록의 말씀까지, 특히 환난시대 성도들은 알아야만 자아를 처리해서 욕심을 버리고 적그리스도와 거짓선지자, 큰 음녀, 붉은 용, 666표를 이기고 둘째 사망, 유황불 못에 들어가지 않고 신랑예수를 맞이할 수 있는 것입니다.

4. 자아 처리된 생활

(1) 곤고한 생활을 하지 아니함

● (로마서 7:24)
오호라 나는 곤고한 사람이로다 이 사망의 몸에서 누가 나를 건져
내랴

자아가 처리된 생활은 곤고한 생활을 하지 않게 됩니다. 곤고
한 생활은 헬라어에 '탈라이포로스'로 극심한 고통, 비참한, 사악
한, 재난의 의미가 있습니다. 성경사전에는 형편이나 처지가 딱
하고 어렵다고 해석해 놓았습니다. 곤고한 사람이란 자아로 인해
서 괴로워하는 자로 이해하시면 됩니다. 곤고한 생활을 하지 않
는 것은 우리 맘에 책망할 것이 없는 신앙생활, 바로 평강의 복을
받는 신앙생활이라고도 할 수 있습니다. 악인에게는 평강이 없습
니다. 자아가 처리된 의인이 되어야 곤고한 생활을 하지 않는 신
앙의 사람이 된다고 성경 여기저기에 많이 기록해 놓았습니다.

● (데살로니가전서 5:23)
평강의 하나님이 친히 너희로 온전히 거룩하게 하시고 또 너희 온
영과 혼과 몸이 우리 주 예수 그리스도 강림하실 때에 흠없게 보전
되기를 원하노라

● (베드로후서 3:14)
그러므로 사랑하는 자들아 너희가 이것을 바라보나니 주 앞에서
점도 없고 흠도 없이 평강 가운데서 나타나기를 힘쓰라

● (데살로니가후서 3:16)
평강의 주께서 친히 때마다 일마다 너희에게 평강을 주시기를 원
하노라 주는 너희 모든 사람과 함께 하실지어다

위의 말씀은 평강의 하나님께서 우리가 평강의 사람이 되어야
신랑예수를 맞이할 수 있다는 말씀입니다. 바로 평강의 복을 받
는 자가 곤고한 생활을 하지 않는 자며, 자아가 처리된 신앙의 사
람입니다. 그러므로 평강 가운데서 신랑 예수 맞이하기를 힘쓰는
신앙생활을 해야 한다는 말씀입니다.

● (히브리서 12:11)
무릇 징계가 당시에는 즐거워 보이지 않고 슬퍼 보이나 후에 그로
말미암아 연달한 자에게는 의의 평강한 열매를 맺나니

자아가 처리되지 않으면 하나님의 자녀 된 우리를 하나님께서
여러 가지로 징계를 하신다는 말씀입니다. 자녀들이 잘못된 길로
갈 때 부모가 회초리를 들어 옳은 길로 인도하는 것과 마찬가지
로 하나님께서도 징계를 통해서 자아를 처리하여 우리가 더 나
은 신앙생활을 하도록, 평강의 열매를 맺고 곤고한 생활을 하지
않게 하시려고 인도하십니다.

(2) 결코 정죄함이 없는 생활을 함

●(로마서 8:1)

그러므로 이제 그리스도 예수 안에 있는 자에게는 결코 정죄함이
없나니

●(로마서 8:33-34)

33 누가 능히 하나님의 택하신 자들을 송사하리요 의롭다 하신 이
는 하나님이시니 34 누가 정죄하리요 죽으실 뿐 아니라 다시 살아
나신 이는 그리스도 예수시니 그는 하나님 우편에 계신 자요 우리
를 위하여 간구하시는 자시니라

●(요한일서 3:9)

하나님께로서 난 자마다 죄를 짓지 아니하나니 이는 하나님의 씨
가 그의 속에 거함이요 저도 범죄치 못하는 것은 하나님께로서 났
음이라

결코 정죄함이 없는 신앙생활은 시기, 질투하지 않는 신앙생활
을 뜻합니다. 예를 들면 창세기 4장을 보면 하나님께서는 가인과
아벨의 제사 중에서 아벨의 제사만 받으셨습니다. 아벨의 신앙은
하나님을 기쁘시게 하는 신앙생활을 했다는 뜻이며 가인은 그렇
지 않음을 뜻합니다. 이 일에 대하여 가인은 '동생처럼 잘해야지'
하는 마음을 갖지 못하고 시기, 질투를 하며 미워하다가 결국 아
벨을 죽입니다. 이 시기하는 것이 바로 내 생각, 내 감정, 내 의지

때문입니다. 바로 자아 때문입니다. 우리가 신앙생활을 할 때에 누군가 나보다 더 잘하는 사람을 볼 때에는 시기 하지 말고 부족한 것을 더 잘하도록 노력을 해야 됩니다.

창세기 37장에 나오는 요셉은 열두 형제 중에서 열한 번째로 태어났습니다. 요셉은 신앙생활을 하나님의 생각, 감정, 의지대로 했습니다. 열 명의 형들은 시기, 질투를 하다가 결국 죽이려고 하여 구덩이에 넣었다가 돈을 벌기 위해서 다시 팔아 버렸습니다. 결코 정죄함이 없는 생활을 하지 못하며, 자아가 살아있는 생활을 했다는 뜻입니다. 나보다 신앙생활을 잘하는 사람을 보고 시기, 질투를 하면 안 됩니다.

사무엘상 18장을 보면 이스라엘의 초대 왕 사울은 다윗을 사위로 삼았습니다. 그러나 다윗이 잘 되고, 백성들이 더 좋아하는 것 같자 창을 던지고 죽이려고 혈안이 되었습니다. 이것은 하나님의 생각, 감정, 의지를 갖지 못한 사울이 자아가 펄펄 살아서 다윗을 죽이려고 한 것입니다.

예레미야 27장에 나오는 예레미야 선지자를 봅시다. 우리가 하나님뿐만 아니라 다른 신을 섬기는 생활을 하니, 하나님께서 분노하시며 바벨론을 통해서 우리 남유다를 치시며 멸망시키신다고 외쳤습니다. 당시에 거짓 선지자들이 시기와 질투가 나서 예레미야를 핍박하며, 감옥에 가두고 괴롭혔습니다. 그 근본 원인은 자아가 처리되지 못했기 때문입니다.

마태복음 21장 12절에서 17절을 보면 예수님 시대에 예루살렘 성전을 보고 예수님이 세계에서 제일 크며, 제일 많은 사람이 모인 강도굴혈, 장사소굴이 된 것을 분노하시며 매매하는 자들을 쫓아내시며 상과 의자를 엎으셨습니다. 이때에 바리새인과 서기관들, 제사장들이 예수님을 시기하여 결국은 십자가에 못 박아 죽였습니다. 그 근본 원인은 자아가 처리되지 못했기 때문입니다.

사도행전 5장 1절에서 11절을 보면 속이지 않는 생활이 자아가 처리된 생활이며, 속이는 생활은 자아가 처리되지 못한 생활입니다. 성령 충만한 오순절 초대교회의 아나니아와 삽비라의 죽음도 이것에 부합되는 내용입니다. 두 부부가 함께 꾀하여 땅을 팔아 얼마를 감추고 바치므로, 베드로가 '성령을 속이려 하느냐'며 그 두 부부를 그 자리에서 저주하여 죽음에 이르게 되었습니다. 속이는 것과 꾀하는 것 역시 자아가 처리되지 못한 신앙이며, 결코 정죄함이 없는 생활이 되지 못해서 벌어진 사건입니다.

창세기 30장의 야곱이 아직 성령, 은사 충만한 단계에서 외삼촌 집에서 일을 하고 있을 때에, 품삯을 많이 받기 위해서 살진 양들을 교배해서 나온 양들을 많이 취했습니다. 외삼촌을 속여서 품삯을 받은 사건이 있었습니다. 아직 성령차원에서 야곱이 자아가 처리되지 않은 상태를 보여줍니다. 하나님의 말씀대로 하지 못하고, 자기의 이익을 위해서 머리를 쓰는 행동이 바로 결코 정죄함이 없는 생활을 하지 못한 것을 뜻합니다.

열왕기하 5장에는 나아만 장군이 엘리사에게 와서 문둥병을 고쳐 주신 감사의 표시로 선물을 많이 주려고 했으나 받지 않았습니다. 게하시가 나아만에게 다시 찾아가서 '우리 주인(엘리사)께서 은 한 달란트와 옷 두 벌을 주라 하셨다'며 거짓으로 물품을 챙겼고, 결국 저주를 받아 문둥병에 걸렸습니다(열왕기하 5:16-27). 마귀의 생각, 감정, 의지로 인해 훌륭한 선지자 엘리사의 사환이었음에도 불구하고 저주를 받았습니다.

마태복음 26장의 가룟 유다 역시 예수님과 삼 년 반 동안이나 섬기며 배웠음에도 불구하고 속이는 입맞춤으로 예수님을 은 삼십 냥에 팔았습니다. 마귀의 생각, 감정, 의지가 여전히 남아있고 그로 말미암아 마귀의 고향인 지옥으로 가게 되었습니다.

우리에게 욕심 부리게 하는 자아를 처리해야 천국에 갈 수 있는 것입니다. 하나님의 생각, 감정, 의지와 같은 생각, 감정, 의지를 가지고 결코 정죄함이 없는 생활로 천국에서 영생의 복을 누려야겠습니다.

(3) 죄와 사망의 법에서 해방된 생활을 함

● (로마서 8:2)
이는 그리스도 예수 안에 있는 생명의 성령의 법이 죄와 사망의 법에서 너를 해방하였음이라 자아가 처리된 생활은 죄와 사망의 법에서 해방된 삶을 사는 것입니다.

위의 말씀은 바울 사도가 자아인 죄의 법에 의해서 둘째 사망에 이르게 하는 육체의 소욕(욕심)에서 해방되어 생명의 성령의 법으로 자아와 욕심을 버리고 성령의 소욕대로 사는 신앙 차원을 말하고 있습니다.

우리도 바울 사도를 본받아 죄와 사망의 법에서 해방된 신앙 차원인 자아와 욕심이 처리된 신앙생활을 해야 하겠습니다.

다음으로 욥기를 보겠습니다.

● (욥기 2:13)
칠 일, 칠 야를 그와 함께 땅에 앉았으나 욥의 곤고함이 심함을 보는 고로 그에게 한 말도 하는 자가 없었더라

● (욥기 3:1-4)
1 그 후에 욥이 입을 열어 자기의 생일을 저주하니라 2 욥이 말을 내어 가로되 3 나의 난 날이 멸망하였었더라면, 남아를 배었다 하던 그 밤도 그러하였었더라면, 4 그 날이 캄캄하였었더라면, 하나님이 위에서 돌아보지 마셨더라면, 빛도 그 날을 비취지 말았었더라면,

위의 말씀에서 곤고한 욥은 하나님과 부모님과 만물과 자신의 생일까지 저주(원망)하는 사망의 법에서 해방되지 못한 신앙차

원에 있었습니다. 그러다가 점점 진리에 눈이 밝아지면서 비로소 42장에 와서 원망을 그치고 회개를 하고 죄와 사망의 법에서 해방된 신앙차원, 자아가 처리된 신앙이 되었습니다.

● (욥기 42:5-6)
5 내가 주께 대하여 귀로 듣기만 하였삽더니 이제는 눈으로 주를 뵈옵나이다 6 그러므로 내가 스스로 한하고 티끌과 재 가운데서 회개하나이다

예수님의 제자 베드로를 보겠습니다.

● (마가복음 14:27-31)
27 예수께서 제자들에게 이르시되 너희가 다 나를 버리리라 이는 기록된 바 내가 목자를 치리니 양들이 흩어지리라 하였느니라 28 그러나 내가 살아난 후에 너희보다 먼저 갈릴리로 가리라 29 베드로가 여짜오되 다 버릴지라도 나는 그렇지 않겠나이다 30 예수께서 가라사대 내가 진실로 네게 이르노니 오늘 이 밤 닭이 두 번 울기 전에 네가 세 번 나를 부인하리라 31 베드로가 힘있게 말하되 내가 주와 함께 죽을지언정 주를 부인하지 않겠나이다 하고 모든 제자도 이와 같이 말하니라

위의 말씀에서 베드로는 예수의 수제자로 3년 반을 동거동락 했으며 '예수님을 절대로 배신하지 아니하겠노라'고 호언장담 했으나 예수의 십자가 사건 당시 3번이나 예수를 부인했습니다. 죄

와 사망의 법에서 해방되지 못한 즉 자아가 처리되지 않은 신앙 차원이었습니다. 그 후 죄와 사망의 법에서 해방된 삶이 되어 십자가에 거꾸로 박혀 순교한 자아가 처리된 신앙이 되었습니다.

성령 충만, 은사 충만 받은 우리는 자아와 욕심까지 처리하는 칼의 말씀까지 먹고 죄와 사망의 법에서 해방된 생활을 해야 합니다.

(4) 지각을 사용하므로 선악을 분별하는 생활을 함

● (히브리서 5:14)
단단한 식물은 장성한 자의 것이니 저희는 지각을 사용하므로 연단을 받아 선악을 분변하는 자들이니라

위의 말씀에서 지각을 사용한다는 지각은 헬라어로 '아이스데테리아', 스토아 철학에서 도덕적인 감각기관을 의미합니다. 신앙 안에서는 영적인 분별 능력을 말합니다. 다시 말하면, 영적인 이해력이나 인지력을 말합니다.

성경에는 지각에 대해서 2가지를 말합니다. 첫째는 악을 행하는 지각이며, 둘째는 좋은 일을 행하는 지각입니다.

악을 행하는 지각은 예레미야 4장 22절을 보면 이스라엘 백성들이 지각을 사용해서 악을 행했기 때문에 바벨론의 포로가 되는 하나님의 벌을 받았습니다. 예레미야 5장 20절부터도 이스라

엘 백성이 미련하여 악을 행하는 지각을 사용하므로 바벨론의
포로가 되었다고 기록하고 있습니다. 오바댜 1장에서는 에서의
산에서 악한 지각이 있는 자들이 종말에 심판을 받는다고 기록
해 놓았습니다.

● (예레미야 4:22)
내 백성은 나를 알지 못하는 우준한 자요 지각이 없는 미련한 자식
이라 악을 행하기에는 지각이 있으나 선을 행하기에는 무지하도다

● (오바댜 1:8)
나 여호와가 말하노라 그 날에 내가 에돔에서 지혜 있는 자를 멸하
며 에서의 산에서 지각 있는 자를 멸하지 아니하겠느냐

이사야 27장 17절에는 이스라엘 백성이 지각이 없으므로 하나
님께서 불쌍히 여기지도 은혜를 베푸시지도 않으셔서 바벨론에
멸망을 당한다고 했습니다. 좋은 지각이 없었기 때문에 바벨론에
멸망을 당했습니다. 시편 111편 10절에는 좋은 지각으로 말미암
아 하나님의 계명을 지키는 자가 되어 천국에 가서 영생을 누린
다고 기록해 놓으셨습니다. 좋은 지각이 있어야만 하나님의 새
계명까지 지키는 신앙생활을 하게 되고 천국에 갈 수 있는 신앙
의 단계에 이르게 됩니다.

요한일서 5장 20절에는 예수님께서 지각을 주사 예수 그리스
도 안에 거하게 하신다고 했습니다. 좋은 지각을 가지고 신앙생
활을 하는 사람이 하나님께로 난자가 되어 영생을 얻게 된다는

뜻입니다. 욥기 11장에는 좋은 지각이 없으면 허망한 사람이 되어서 영생을 얻지 못한다고 했습니다.

● (이사야 27:11)
가지가 마르면 꺾이나니 여인이 와서 그것을 불사를 것이라 이 백성이 지각이 없으므로 그들을 지으신 자가 불쌍히 여기지 아니하시며 그들을 조성하신 자가 은혜를 베풀지 아니하시리라

● (시편 111:10)
여호와를 경외함이 곧 지혜의 근본이라 그 계명을 지키는 자는 다 좋은 지각이 있나니 여호와를 찬송함이 영원히 있으리로다

● (요한일서 5:20)
또 아는 것은 하나님의 아들이 이르러 우리에게 지각을 주사 우리로 참된 자를 알게 하신 것과 또한 우리가 참된 자 곧 그의 아들 예수 그리스도 안에 있는 것이니 그는 참 하나님이시요 영생이시라

● (욥기 11:12)
허망한 사람은 지각이 없나니 그 출생함이 들나귀 새끼 같으니라

좋은 지각을 사용하여 신앙생활을 해야만 자아처리 된 생활로 영생을 얻게 되는 것입니다. 히브리서 5장의 어린아이 신앙의 차원과 장성한 자 신앙의 차원을 말씀하시면서 장성한 자의 신앙이 지각을 사용하므로 선악을 분별한다고 하였습니다. 젖 먹는

어린 아이 신앙생활은 은사, 기도 위주의 신앙생활을 함으로 좋은 지각을 사용하지 못하는 것입니다.

(5) 진리의 말씀 위주의 생활을 함

성경말씀은 영의 양식이며 믿음을 만들어 냅니다. 성경 66권에는 크게 젖의 말씀과 밥의 말씀이 있습니다. 성경 말씀 중에서 밥의 말씀을 특히 진리의 말씀이라고 합니다. 젖의 말씀과 밥의 말씀을 통틀어서 진리의 말씀이라고 하기도 합니다.

시편 1편 1-2절을 봅시다.

● (시편 1:1-2)
1 복 있는 사람은 악인의 꾀를 좇지 아니하며 죄인의 길에 서지 아니하며 오만한 자의 자리에 앉지 아니하고 2 오직 여호와의 율법을 즐거워하여 그 율법을 주야로 묵상하는 자로다

위의 말씀은 복 있는 자는 복의 근원되신 하나님께로부터 복을 받는 다는 뜻입니다. 복에는 크게 이 땅위에서 받는 복과 천국에 가서 영원히 사는 두 가지 복이 있습니다. 위의 말씀은 영생을 얻는 복을 기록했습니다. 천국에 가서 영생의 복을 받으려면 '오직 여호와의 율법을 주야로 묵상하라'고 하였습니다.

누가복음 10장 25절에서 28절은 여호와의 율법이 바로 자아와

욕심을 버리고 사랑의 새계명을 행하여 영생의 복을 받으라는 진리의 말씀을 뜻합니다. 진리의 말씀 위주의 신앙생활을 하라는 뜻입니다. 그래야 영생의 복을 받는다는 뜻입니다. 진리의 말씀 위주의 생활을 하기 위해서는 당연히 진리의 말씀, 밥의 말씀을 잘 가르치고 배워야 하겠습니다.

● (시편 119:147-148)
147 내가 새벽 전에 부르짖으며 주의 말씀을 바랐사오며 148 주의 말씀을 묵상하려고 내 눈이 야경이 깊기 전에 깨었나이다

다윗은 이스라엘의 2대 왕으로써 국정을 돌보기도 참으로 바빴지만 너무나 진리를 사모하고 진리를 추구했기에 다윗은 날이 밝기 전 새벽에 일어나 밥의 말씀을 바랐으며 또한 주의 말씀을 묵상하기 위해서 새벽보다도 더 먼저 야경이 깊기 전에 깨었다고 했습니다.

● (시편 119:131)
내가 주의 계명을 사모하므로 입을 열고 헐떡였나이다

여기서 주의 계명은 자아와 욕심을 버리고 사랑의 새계명을 행하여 영생의 복을 받으라는 진리의 말씀을 뜻하며, 이것을 사모하여 입을 열고 헐떡였다고 기록했습니다. 다윗은 자아를 처리하는 진리의 말씀 위주의 신앙생활을 했습니다.

내 눈이 주의 구원과 주의 의로운 말씀을 사모하기에 피곤하니이다

책을 많이 보면 눈이 피곤하지요? 다윗은 주의 의로운 말씀인 성경, 곧 자아를 처리하는 진리의 말씀을 읽기 위해서 눈이 피곤하다고 하였습니다. 너무나 진리의 말씀을 사모하는 신앙생활을 하고 있었습니다. 우리는 이런 다윗과 같이 진리 말씀 위주의 신앙생활을 해야 합니다.

자아가 처리된 다윗과 같이 우리도 천국에 갈 수 있는 신앙의 단계로 올라가야 하겠습니다. 1대왕 사울은 성령 충만, 은사 충만 했음에도 불구하고 진리의 말씀을 버렸으므로(삼상15:23-26) 둘째 사망 지옥으로 간 불행한 왕이었습니다. 진리의 말씀 위주의 신앙생활을 하지 못했기 때문입니다. 자아가 처리된 신앙생활이 아니면 아무도 천국에 갈 수 없습니다.

(6) 이스라엘이라는 이름으로 생활을 함

●(창세기 32:28-29)

28 그 사람이 가로되 네 이름을 다시는 야곱이라 부를 것이 아니요 이스라엘이라 부를 것이니 이는 네가 하나님과 사람으로 더불어 겨루어 이기었음이니라 29 야곱이 청하여 가로되 당신의 이름을 고하소서 그 사람이 가로되 어찌 내 이름을 묻느냐 하고 거기서 야곱에게 축복한지라

위의 말씀에서 야곱이라는 이름이 이스라엘이라고 불리는 것을 볼 수 있습니다. 얍복강에서 하나님이면서도 사람인 곧 육신을 가지고 이 땅 위에 오신 예수님의 그림자요, 모형이요, 상징인 그 사람과 씨름을 했습니다. 거기서 야곱이 이기면서 그 사람이 이스라엘, 곧 이긴 자라는 이름을 주셨습니다.

야곱이 야곱의 이름으로 생활을 할 때는 자아가 처리된 생활을 하지 못했습니다. 자기의 생각, 감정, 의지로 살아갔기 때문에 외삼촌을 속이고, 자아가 처리되지 못한 삶을 살았습니다. 얍복강에서 환도뼈가 부러지면서 하나님의 생각, 감정, 의지와 달랐던 야곱의 내적자아가 처리되었습니다.

요한계시록 2장을 보면 에베소 교회의 이기는 자(이스라엘)의 생활에 대해 말씀해 놓으셨습니다. 처음 행위는 에베소교회의 처음 사랑의 행위입니다. 이 첫 사랑의 행위를 하지 못하면 자아가 처리된 이스라엘이라는 이름으로 살지 못하는 것입니다.

● (요한계시록 2:5)
그러므로 어디서 떨어진 것을 생각하고 회개하여 처음 행위를 가지라 만일 그리하지 아니하고 회개치 아니하면 내가 네게 임하여 네 촛대를 그 자리에서 옮기리라

처음 사랑은 위로 하나님을 마음 다하고, 뜻 다하고, 성품 다하고, 목숨 다해서 사랑하고, 네 이웃을 네 몸처럼 사랑하는 새 계명을 지켜 행하는 생활을 뜻합니다. 오늘날에도 자아가 처리된 이스라엘이라는 이름으로 생활하는 신앙의 사람이 바로 사랑의

새 계명을 지키는 신앙의 사람입니다.

야고보서에는 이에 대한 말씀이 나옵니다.

●(야고보서 2:14-17)
14 내 형제들아 만일 사람이 믿음이 있노라 하고 행함이 없으면 무슨 이익이 있으리요 그 믿음이 능히 자기를 구원하겠느냐 15 만일 형제나 자매가 헐벗고 일용할 양식이 없는데 16 너희 중에 누구든지 그에게 이르되 평안히 가라, 더웁게 하라, 배 부르게 하라 하며 그 몸에 쓸것을 주지 아니하면 무슨 이익이 있으리요 17 이와 같이 행함이 없는 믿음은 그 자체가 죽은 것이라

형제와 자매는 교회 생활을 같이 하는 남자 성도, 여자 성도를 뜻하며, 일용할 양식이 없다는 것은 육신적으로 먹을 것이 없어 고통 받는 상황을 말합니다. 이런 성도가 있으면 가만히 보기만 하고, 기도만 해주고, 말로만 하는 것이 아니라 실제적으로 도와 줘야 합니다.

행함이 없는 믿음은 천국에 갈 수가 없습니다. 에베소교회에서 촛대를 옮겨 버리신다는 말씀과도 동일한 진리의 말씀입니다.

누가복음 10장에 보면 율법사의 질문이 나옵니다.

●(누가복음 10:25-37)
25 어떤 율법사가 일어나 예수를 시험하여 가로되 선생님 내가 무

엇을 하여야 영생을 얻으리이까 26 예수께서 이르시되 율법에 무엇이라 기록되었으며 네가 어떻게 읽느냐 27 대답하여 가로되 네 마음을 다하며 목숨을 다하며 힘을 다하며 뜻을 다하여 주 너의 하나님을 사랑하고 또한 네 이웃을 네 몸과 같이 사랑하라 하였나이다 28 예수께서 이르시되 네 대답이 옳도다 이를 행하라 그러면 살리라 하시니 29 이 사람이 자기를 옳게 보이려고 예수께 여짜오되 그러면 내 이웃이 누구오니이까 30 예수께서 대답하여 가라사대 어떤 사람이 예루살렘에서 여리고로 내려가다가 강도를 만나매 강도들이 그 옷을 벗기고 때려 거반 죽은 것을 버리고 갔더라 31 마침 한 제사장이 그 길로 내려가다가 그를 보고 피하여 지나가고 32 또 이와 같이 한 레위인도 그곳에 이르러 그를 보고 피하여 지나가되 33 어떤 사마리아인은 여행하는 중 거기 이르러 그를 보고 불쌍히 여겨 34 가까이 가서 기름과 포도주를 그 상처에 붓고 싸매고 자기 짐승에 태워 주막으로 데리고 가서 돌보아 주고 35 이튿날에 데나리온 둘을 내어 주막 주인에게 주며 가로되 이 사람을 돌보아 주라 부비가 더 들면 내가 돌아 올 때에 갚으리라 하였으니 36 네 의견에는 이 세 사람 중에 누가 강도 만난 자의 이웃이 되겠느냐 37 가로되 자비를 베푼 자니이다 예수께서 이르시되 가서 너도 이와 같이 하라 하시니라

율법사는 구약 성경을 잘 알고 있는 사람이었습니다. 이 사람이 예수님께 어떻게 해야 영생의 복을 받을 수 있는지 질문을 했습니다. 예수님께서는 사랑의 새계명을 실천하라고 하셨으며, 어떤 사람이 내 이웃인지 율법사가 다시 물었습니다. 예수님께서는

어떤 사마리아 사람이 바로 이웃을 네 몸같이 사랑하는 자라고 말씀 했습니다. 예루살렘 성전에서의 신앙생활은 지옥에 갈 수밖에 없는 신앙생활임을 깨닫고 천국에 갈 수 있는 교회를 찾아 헤매다가(여리고로 내려감) 강도를 만나 길에 쓰러진 자가 나옵니다. 예루살렘 성전의 모든 주의 종 직분 자(한 제사장, 한 레위인)는 강도 만난 자를 보고도 외면합니다. 여행 중이던 어떤 사마리아인이 치료해 주고 주막집으로 데리고 갔습니다.

여행 중에 있는 어떤 사마리아 사람은 예수님을 닮은 하나님의 참된 주의 종들과 성도들을 뜻합니다. 여리고에는 기생 라합의 집이 있었습니다. 여리고성이 멸망을 당할 때, 그 집 식구들만 구원을 받았습니다. 이 말씀은 예수님이 재림하실 때 예수님을 신랑으로 맞이하여 영생의 복을 받을 성도들에 관한 진리의 말씀입니다.

오늘날 영생의 복을 받을 교회를 찾는 성도들을 영생의 복을 받도록 인도하는 하나님의 종이나 성도들이 내 이웃을 내 몸 같이 사랑하는 이스라엘의 이름으로 생활하는 것입니다.

서머나교회의 이기는 자(이스라엘)의 생활에 대해 알아봅시다.

● (요한계시록 2:10)
네가 장차 받을 고난을 두려워 말라 볼지어다 마귀가 장차 너희 가운데서 몇 사람을 옥에 던져 시험을 받게 하리니 너희가 십 일 동

안 환난을 받으리라 네가 죽도록 충성하라 그리하면 내가 생명의 면류관을 네게 주리라

자아가 처리된 생활이 이기는 자의 생활입니다. 에베소교회를 향해서는 '처음 사랑의 행위를 하라'고 했습니다. 서머나교회는 '죽도록 충성하라'고 했습니다. 특히 교회생활에 충성을 해야 합니다. 서머나교회를 향해서는 "열흘 동안 환난을 당할 때도 죽도록 충성을 다하라"고 하셨습니다.

우리가 충성하면 떠오르는 인물 모세를 생각하면서 히브리서 3장을 봅시다.

● (히브리서 3:1-6)
1 그러므로 함께 하늘의 부르심을 입은 거룩한 형제들아 우리의 믿는 도리의 사도시며 대제사장이신 예수를 깊이 생각하라 2 저가 자기를 세우신 이에게 충성하시기를 모세가 하나님의 온 집에서 한 것과 같으니 3 저는 모세보다 더욱 영광을 받을 만한 것이 마치 집 지은 자가 그 집보다 더욱 존귀함 같으니라 4 집마다 지은 이가 있으니 만물을 지으신 이는 하나님이시라 5 또한 모세는 장래에 말할 것을 증거하기 위하여 하나님의 온 집에서 사환으로 충성하였고 6 그리스도는 그의 집 맡은 아들로 충성하였으니 우리가 소망의 담대함과 자랑을 끝까지 견고히 잡으면 그의 집이라

모세가 하나님의 집에서 충성했다는 말씀이 기록 되었습니다.

민수기 12장을 봅시다.

6 이르시되 내 말을 들으라 너희 중에 선지자가 있으면 나 여호와가 이상으로 나를 그에게 알리기도 하고 꿈으로 그와 말하기도 하거니와 7 내 종 모세와는 그렇지 아니하니 그는 나의 온 집에 충성됨이라 8 그와는 내가 대면하여 명백히 말하고 은밀한 말로 아니하며 그는 또 여호와의 형상을 보겠거늘 너희가 어찌하여 내 종 모세 비방하기를 두려워 아니하느냐 9 여호와께서 그들을 향하여 진노하시고 떠나시매 10 구름이 장막 위에서 떠나갔고 미리암은 문둥병이 들려 눈과 같더라 아론이 미리암을 본즉 문둥병이 들었는지라

여기서는 네 종류의 인물이 나옵니다. 선지자, 하나님의 종 모세, 모세의 누나 미리암, 모세의 형 아론 이렇게 네 종류의 인물입니다. 미리암은 여자 선지자였으며, 아론은 제사장이었습니다. 오직 모세만 나의 온 집에 충성했다고 기록되어 있습니다. 모세가 하나님께 인정함을 받은 것은 모세만 충성했기 때문입니다. 주의 종 모세와 같이 모든 주의 종과 성도들은 하나님 앞에 충성해야 한다는 것을 알아야 하겠습니다.

충성을 하되 온유하게 충성을 해야 합니다. 온유하다는 것은 자아가 처리되어 욕심을 버리고 충성한다는 뜻이며 하나님의 집, 곧 교회에서 충성을 다해야 한다는 뜻입니다. 충성은 자기의 할

일을 최선을 다해서 해 내는 것을 충성이라고 합니다. 주일에는 교회에서 예배를 드림에 최선을 다하는 것이 충성을 하는 것입니다. 자아와 욕심을 버린 가운데서 모세는 온유함으로 충성을 다했습니다. 성령 충만을 받고 하나님의 말씀으로 자아를 처리한 상태에서 충성을 해야 모세의 충성입니다. 모세의 충성이 아닌 것은 하나님을 기쁘시게 하는 충성이 아닙니다.

모세는 참고, 또 참고, 또 참으며 충성을 했습니다. 믿음이 약한 광야교회 성도들이 모세를 대적하고, 불평불만을 하는 가운데 모세는 묵묵히 주의 종의 사역에 충성했습니다. 낙심하지 않고, 실망하지 않고, 원망하지 않고 주의 종 사역을 해 냈습니다. 우리도 누가 원망, 불평을 하든지 흔들리지 말고 교회에서 본인의 사역에 충성을 해야 할 것입니다.

요한계시록 2장에 기록된 버가모 교회의 이기는 자(이스라엘)의 생활에 대해 알아봅시다.

● (요한계시록 2:14-17)
14 그러나 네게 두어 가지 책망할 것이 있나니 거기 네게 발람의 교훈을 지키는 자들이 있도다 발람이 발락을 가르쳐 이스라엘 앞에 올무를 놓아 우상의 제물을 먹게 하였고 또 행음하게 하였느니라 15 이와 같이 네게도 니골라당의 교훈을 지키는 자들이 있도다 16 그러므로 회개하라 그리하지 아니하면 내가 네게 속히 임하여 내입의 검으로 그들과 싸우리라 17 귀 있는 자는 성령이 교회들에

발람의 교훈인 니골라당의 교훈을 지키는 자들이 버가모 교회에 있었습니다. 이것을 버리는 자는 이기는 자의 생활, 곧 이스라엘이라는 이름으로 생활하게 된 자입니다.

발람의 교훈, 니골라당의 교훈은 우상의 제물을 먹게 하고 행음하게 하였습니다. 이것이 욕심을 부려서 음녀가 되게 한 것을 말하며 이 음녀는 요한계시록 17장의 큰 음녀를 뜻합니다. 두아디라 교회는 반대로 행음하여 우상의 제물을 먹게 되어있습니다 (계2:20).

18장의 큰 성 바벨론의 교훈을 뜻합니다. 음녀 신앙은 종교다원주의 신앙인데 종교다원주의 신앙을 버려야 할 것을 여기서 알려주고 있습니다. 종교다원주의 신앙은 예수님을 믿어도 천국 가지만, 다른 종교로도 천국에 간다고 하는 신앙입니다. 이것을 버려야 하며, 오직 예수님으로만 천국에 간다는 신앙을 지켜 이스라엘(이기는 자)이 되는 신앙을 가져야 합니다.

요한복음 17장은 예수님께서 십자가에 돌아가시기 전에 하나님께 기도하신 내용입니다. 여기에 보면 '하나 되라'는 기도를 여러 차례 하셨습니다.

● (요한복음 17:11-22)

11 나는 세상에 더 있지 아니하오나 저희는 세상에 있사옵고 나는 아버지께로 가옵나니 거룩하신 아버지여 내게 주신 아버지의 이름으로 저희를 보전하사 우리와 같이 저희도 하나가 되게 하옵소서 12 내가 저희와 함께 있을 때에 내게 주신 아버지의 이름으로 저희를 보전하와 지키었나이다 그 중에 하나도 멸망치 않고 오직 멸망의 자식 뿐이오니 이는 성경을 응하게 함이니이다 13 지금 내가 아버지께로 가오니 내가 세상에서 이 말을 하옵는 것은 저희로 내 기쁨을 저희 안에 충만히 가지게하려 함이니이다 14 내가 아버지의 말씀을 저희에게 주었사오매 세상이 저희를 미워하였사오니 이는 내가 세상에 속하지 아니함 같이 저희도 세상에 속하지 아니함을 인함이니이다 15 내가 비옵는 것은 저희를 세상에서 데려가시기를 위함이 아니요 오직 악에 빠지지 않게 보전하시기를 위함이니이다 16 내가 세상에 속하지 아니함 같이 저희도 세상에 속하지 아니하였삽나이다 17 저희를 진리로 거룩하게 하옵소서 아버지의 말씀은 진리니이다 18 아버지께서 나를 세상에 보내신 것 같이 나도 저희를 세상에 보내었고 19 또 저희를 위하여 내가 나를 거룩하게 하오니 이는 저희도 진리로 거룩함을 얻게 하려 함이니이다 20 내가 비옵는 것은 이 사람들만 위함이 아니요 또 저희 말을 인하여 나를 믿는 사람들도 위함이니 21 아버지께서 내 안에 내가 아버지 안에 있는 것 같이 저희도 다 하나가 되어 우리 안에 있게 하사 세상으로 아버지께서 나를 보내신 것을 믿게 하옵소서 22 내게 주신 영광을 내가 저희에게 주었사오니 이는 우리가 하나가 된 것 같이 저희도 하나가 되게 하려 함이니이다

여기 강조한 부분을 보면, 하나가 되라는 말씀이 다섯 번이나 기록되어 있습니다. 종교다원주의 자들은 이 하나가 된다는 것만 떼어 내서 종교가 하나가 되어야 한다고 거짓 주장하고 있습니다.

에베소서 4장을 보겠습니다.

● (에베소서 4:4-6상)
4 몸이 하나이요 성령이 하나이니 이와 같이 너희가 부르심의 한 소망 안에서 부르심을 입었느니라 5 주도 하나이요 믿음도 하나이요 세례도 하나이요 6 하나님도 하나이시니 곧 만유의 아버지시라

이 말씀은 하나가 되라는 말씀이지만 다른 종교인과 하나가 되라는 뜻이 아닙니다. 믿는 기독교인, 성도들끼리 하나가 되라는 뜻입니다. 다른 종교에는 마귀, 사탄, 악령이 배후에 있습니다. 이렇기 때문에 마귀, 사탄, 악령은 우는 사자처럼 우리 영을 미혹하기 위해 돌아다니고 있습니다. 믿는 자들에게도 얼마든지 마귀, 사탄, 악령이 틈탈 수 있습니다. 타 종교를 용인하는 신앙은 종교다원주의 신앙이며 섞여있는 바벨론의 신앙이라 할 수 있습니다. 종교다원주의자들은 이스라엘이라는 이름으로 신앙생활을 하는 것이 아니며, 천국에 갈 수 없는 신앙입니다. 성경에는 하나님과 예수님만 섬기며 신앙생활을 하라고 되어 있습니다. 예수님 당시의 바리새인, 서기관들에게도 너희들의 아비는 마귀라고 예수님께서 책망을 하셨습니다.

요한복음 8장을 봅시다.

● (요한복음 8:44)
너희는 너희 아비 마귀에게서 났으니 너희 아비의 욕심을 너희도
행하고자 하느니라 저는 처음부터 살인한 자 요 진리가 그 속에 없
으므로 진리에 서지 못하고 거짓을 말할 때마다 제 것으로 말하나
니 이는 저가 거짓말장이요 거짓의 아비가 되었음이니라

예수님 당시의 예루살렘 교회는 세계에서 가장 크고 웅장하고
많은 사람이 모이는 교회였습니다. 예루살렘 교회의 바리새인,
서기관에게 마귀가 들어갔으며 하나님이 아닌 마귀가 들어간 신
앙생활을 했음을 기록해 놓았습니다. 기독교는 사랑의 종교이지
만 마귀, 사탄까지 사랑하라는 것이 아닙니다. 마귀, 사탄은 하나
님께서 반드시 심판하십니다. 분명한 이런 진리를 알아서 마귀,
사탄에게 미혹되지 말고 영혼이 잘됨같이 범사가 잘 되어야겠습
니다.
　요한계시록에 기록된 사데 교회의 이기는 자(이스라엘)의 생
활에 대해서 알아봅시다.

● (요한계시록 3:4-5)
4 그러나 사데에 그 옷을 더럽히지 아니한 자 몇 명이 네게 있어
흰 옷을 입고 나와 함께 다니리니 그들은 합당한 자인 연고라 5 이
기는 자는 이와 같이 흰 옷을 입을 것이요 내가 그 이름을 생명책
에서 반드시 흐리지 아니하고 그 이름을 내 아버지 앞과 그 천사들

사데 교회에 흰옷 입은 자 곧 이기는 자가 몇이 있다는 말씀은 천국에 갈 수 있는 믿음을 가진 신앙의 사람은 심히 적다는 뜻입니다. 사데 교회에서 흰 옷을 입으라고 했는데 사도행전 1장 10절에서 천사가 흰 옷을 입고 있는 것을 볼 수 있습니다. 요한계시록 4장 4절에는 3층 천(天)에 하나님께서 앉아 계시고 24장로들이 흰 옷을 입고 있다고 기록했습니다. 요한계시록 19장 14절에는 예수님께서 재림하실 때 백마를 타고 지상 재림을 하시는데, 이때 예수님을 따르는 군사들이 있습니다. 이 군사들이 또한 전부 흰 옷을 입었습니다. 요한계시록 7장 14절을 보면 큰 환난 가운데서 종려가지를 가지고 나온 자들 또한 흰 옷을 입고 나타났습니다. 칠년 환난 때 신랑예수를 맞이할 천국 백성들이 여기저기에서 흰 옷을 입고 나온 것을 알 수 있습니다.

요한계시록 3장을 보면 라오디게아 교인들에게 책망을 하시면서 벌거벗은 수치를 보이지 않게 하기 위해서 옷을 사 입되 흰 옷을 사 입으라고 했습니다. 이렇게 흰 옷은 좋은 것입니다. 이 흰 옷은 신랑 예수를 맞이할 수 있는 성도들이 입는 옷입니다. 마태복음 22장에는 왕의 혼인 잔치에 참예한 자들 중 예복을 입지 않은 자들은 밖으로 끌어내라고 했습니다. 예수께서 공중 재림하실 때 예수님을 맞이하기 위해서는 예복을 입어야 한다는 뜻입니다.

세상에서도 고급 호텔의 레스토랑에서는 의복을 갖춰야 출입이 되는 것처럼 신랑 예수 혼인잔치에 참예하기 위해서는 예복을 입어야 합니다. 흰 옷을 예복이라고도 표현했습니다. 누가복음 15장을 보면 큰아들은 아버지 말대로 일을 하고 있었고, 둘째 아들은 나갔다가 돌아왔고 기쁜 아버지가 제일 좋은 옷을 지어 입혔다고 되어 있습니다. 이 제일 좋은 옷이 신랑예수 맞이할 수 있는 흰 옷을 의미합니다.

요한계시록 6장에는 하나님의 제단 아래서 순교자들이 호소 기도를 하자 하나님께서 흰 두루마기 옷을 입혀 줍니다. 시편 45편에는 왕께로 인도함을 받는 딸은 수놓은 옷을 입고 따라간다고 기록했습니다. 왕은 천년세계의 예수님을 뜻하며, 예수님을 따라가는 신부가 되기 위해서는 이런 수놓은 옷을 입어야 합니다.

요한계시록 19장 7절에는 어린 양의 아내가 준비되었다고 하는데 아내들은 빛나고 깨끗한 세마포를 입었다고 했으며, 이 옷은 '성도들의 옳은 행실'이라고 했습니다. 옷을 입는다는 것이 바로 옳게 사는 것을 뜻하며 의로운 행실을 뜻합니다. 의로운 행실은 내 생각, 감정, 의지, 곧 자아가 처리되어 하나님의 생각, 감정, 의지대로 사는 것을 뜻합니다. 하나님의 뜻과 말씀대로 사는 삶을 의미합니다. 이런 신앙생활을 해야만 천국에 가는 것입니다.

● (요한계시록 6:11)
각각 저희에게 흰 두루마기를 주시며 가라사대 아직 잠시 동안 쉬

되 저희 동무 종들과 형제들도 자기처럼 죽임을 받아 그 수가 차기
까지 하라 하시더라

● (시편 45:13-14)
13 왕의 딸이 궁중에서 모든 영화를 누리니 그 옷은 금으로 수놓
았도다 14 수놓은 옷을 입은 저가 왕께로 인도함을 받으며 시종하
는 동무 처녀들도 왕께로 이끌려 갈 것이라

● (요한계시록 19:7-9)
7 우리가 즐거워하고 크게 기뻐하여 그에게 영광을 돌리세 어린
양의 혼인 기약이 이르렀고 그 아내가 예비하였으니 8 그에게 허
락하사 빛나고 깨끗한 세마포를 입게 하셨은즉 이 세마포는 성도
들의 옳은 행실이로다 하더라 9 천사가 내게 말하기를 기록하라
어린 양의 혼인 잔치에 청함을 입은 자들이 복이 있도다 하고 또
내게 말하되 이것은 하나님의 참되신 말씀이라 하기로

교회의 여러 가지 직분은 모두 하나님께서 주신 것이며 세상
의 대통령 직분보다 귀한 것입니다. 이것을 잘하는 것이 성도들
의 옳은 행실입니다. 옳은 행실은 빛나고 깨끗한 세마포, 흰 옷,
제일 좋은 옷, 비단 옷, 수놓은 옷 등으로 많이 표현했습니다. 이
것은 하나님께서 제발 옳게 신앙생활을 해서 다시 말하면 이기
는 자(이스라엘)가 되어 천국에서 영생의 복을 누리라고 기록해
놓으신 것입니다.

자아처리 단계(5단계)의 요약정리

1. 자아의 본체와 실체
(1) 외적인 자아의 본체
　　① 마귀 : 계명성, 덮는 그룹(사14:12-17) (겔28:16-17)
(2) 내적인 자아의 본체
　　① 본래 진노의 자녀로 태어난 인간의 마음(엡2:1-5)
　　② 본래 죄의 종으로 태어난 인간의 마음(롬6:17-18)
(3) 외적인 자아의 실체
　　① 적그리스도 : 붉은 용의 화신체(계13:2-8)

2. 자아의 정체(고후10:4-6)
　　① 견고한 진
　　② 모든 이론인 자아
　　③ 하나님 아는 것을 대적하여 높아진 자아
　　④ 하나님께 온전히 복종치 않는 생각인 자아
　　⑤ 모든 복종치 않는 것

3. 자아를 처리하는 비결
　　① 강력한 병기 곧 검의 말씀(고후10:4) (히4:12)
　　② 하나님이 죄를 삼으신 속죄제물 되신 예수그리스도를 영
　　　접하므로(고전5:20)

4. 자아를 처리된 생활
　　① 곤고한 생활을 하지 아니함(롬7:24) (살전5:23)
　　② 결코 정죄함이 없는 생활을 함(롬8:1)
　　③ 죄와 사망의 법에서 해방된 생활을 함(롬8:2)
　　④ 지각을 사용하여 선악을 분별하는 생활을 함(히5:14)
　　⑤ 진리의 말씀 위주의 생활을 함(시1:1-2)
　　⑥ 이스라엘이라는 이름으로 생활을 함(창32:28-29)

욕심 처리

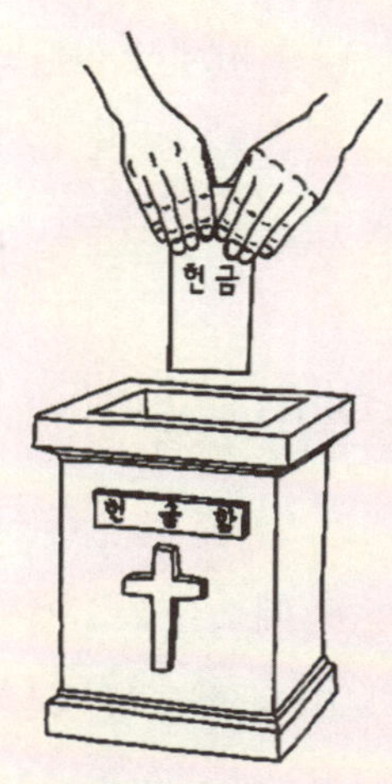

1. 욕심의 본체와 실체

"욕심의 본체와 실체는 외적인 욕심의 본체와 내적인 욕심의 본체와 외적인 욕심의 실체로 구분되어 있습니다."

(1) 외적인 욕심의 본체

〔계명성〕

● (이사야 14:12-17)

12 너 아침의 아들 계명성이여 어찌 그리 하늘에서 떨어졌으며 너 열국을 엎은 자여 어찌 그리 땅에 찍혔는고 13 네가 네 마음에 이르기를 내가 하늘에 올라 하나님의 뭇 별 위에 나의 보좌를 높이리

라 내가 북극 집회의 산 위에 좌정하리라 14 가장 높은 구름에 올라 지극히 높은 자와 비기리라 하도다 15 그러나 이제 네가 음부 곧 구덩이의 맨 밑에 빠치우리로다 16 너를 보는 자가 주목하여 너를 자세히 살펴보며 말하기를 이 사람이 땅을 진동시키며 열국을 경동시키며 17 세계를 황무케 하며 성읍을 파괴하며 사로잡힌 자를 그 집으로 놓아 보내지 않던 자가 아니뇨 하리로다

〔덮는 그룹〕

●(에스겔 28:16-17)
16 네 무역이 풍성하므로 네 가운데 강포가 가득하여 네가 범죄하였도다 너 덮는 그룹아 그러므로 내가 너를 더럽게 여겨 하나님의 산에서 쫓아내었고 화광석 사이에서 멸하였도다 17 네가 아름다우므로 마음이 교만하였으며 네가 영화로우므로 네 지혜를 더럽혔음이여 내가 너를 땅에 던져 열왕 앞에 두어 그들의 구경거리가 되게 하였도다

〔마귀〕

●(요한복음 8:44)
44 너희는 너희 아비 마귀에게서 났으니 너희 아비의 욕심을 너희도 행하고자 하느니라 저는 처음부터 살인한 자요 진리가 그 속에 없으므로 진리에 서지 못하고 거짓을 말할 때마다 제 것으로 말하나니 이는 저가 거짓말장이요 거짓의 아비가 되었음이니라

위의 말씀은 계명성, 덮는그룹 곧 마귀가 외적인 욕심의 본체라는 말씀입니다. 이 마귀(계명성, 덮는그룹)는 지혜를 더럽혀 교만한 마음을 가지므로 하나님께 저주를 받았고 창세기 3장을 보면 에덴동산에서 아담 하와를 가감한 하나님의 말씀으로 미혹하여 욕심을 잉태케 하여 선악과를 따먹는 죄를 범하므로 사망에 이르게 했던 것입니다. 이러므로 외적 욕심의 본체는 마귀(계명성, 덮는 그룹)인 것입니다.

(2) 외적인 욕심의 실체

〔적그리스도〕

● (하박국 2:5-8)

5 그는 술을 즐기며 궤휼하며 교만하여 가만히 있지 아니하고 그 욕심을 음부처럼 넓히며 또 그는 사망 같아서 족한 줄을 모르고 자기에게로 만국을 모으며 만민을 모으나니 6 그 무리가 다 속담으로 그를 평론하며 조롱하는 시로 그를 풍자하지 않겠느냐 곧 이르기를 화 있을진저 자기 소유 아닌 것을 모으는 자여 언제까지 이르겠느냐 볼모잡은 것으로 무겁게 짐진 자여 7 너를 물 자들이 홀연히 일어나지 않겠느냐 너를 괴롭게 할 자들이 깨지 않겠느냐 네가 그들에게 노략을 당하지 않겠느냐 8 네가 여러 나라를 노략하였으므로 그 모든 민족의 남은 자가 너를 노략하리니 이는 네가 사람의 피를 흘렸음이요 또 땅에, 성읍에, 그 안의 모든 거민에게 강포를

행하였음이니라 하리라

● (요한계시록 13:2-7)
2 내가 본 짐승은 표범과 비슷하고 그 발은 곰의 발 같고 그 입은 사자의 입 같은데 용이 자기의 능력과 보좌와 큰 권세를 그에게 주었더라 3 그의 머리 하나가 상하여 죽게 된 것 같더니 그 죽게 되었던 상처가 나으매 온 땅이 이상히 여겨 짐승을 따르고4 용이 짐승에게 권세를 주므로 용에게 경배하며 짐승에게 경배하여 가로되 누가 이 짐승과 같으뇨 누가 능히 이로 더불어 싸우리요 하더라 5 또 짐승이 큰 말과 참람된 말 하는 입을 받고 또 마흔두 달 일할 권세를 받으니라 6 짐승이 입을 벌려 하나님을 향하여 훼방하되 그의 이름과 그의 장막 곧 하늘에 거하는 자들을 훼방하더라 7 또 권세를 받아 성도들과 싸워 이기게 되고 각 족속과 백성과 방언과 나라를 다스리는 권세를 받으니

위의 인물은 적그리스도인데 적그리스도는 외적인 욕심의 실체입니다. 위의 말씀은 마귀의 화신체인 적그리스도가 그 욕심을 음부처럼 넓혀서 환난시대에 지상의 모든 인류를 손아귀에 넣어 다스리게 될 것이라는 말씀입니다. 이러므로 외적인 욕심의 실체는 적그리스도인 것입니다.

(3) 내적인 욕심의 본체

① 자아＝죄

● (로마서 7:18-21)

18 내 속 곧 내 육신에 선한 것이 거하지 아니하는 줄을 아노니 원함은 내게 있으나 선을 행하는 것은 없노라 19 내가 원하는 바 선은 하지 아니하고 도리어 원치 아니하는 바 악은 행하는도다 20 만일 내가 원치 아니하는 그것을 하면 이를 행하는 자가 내가 아니요 내 속에 거하는 죄니라 21 그러므로 내가 한 법을 깨달았노니 곧 선을 행하기 원하는 나에게 악이 함께 있는 것이로다

위의 말씀은 바울 사도가 선을 행하려고 힘쓰는데, 선은 행치 않고 도리어 악을 행한다고 하면서 그것은 바로 내 속에 거하는 죄 때문임을 깨달았다고 했습니다. 성경에서 죄는 자아이며, 악은 욕심입니다. 자아와 욕심은 바늘과 실 같아서 자아가 살아 있는 한 자아에 의해서 항상 욕심을 부리게 됩니다.

바울 사도는 죄의 법 때문에 악을 행하고 선은 행하지 아니 한다고 했습니다. 이 죄의 법이 하나님의 생각, 감정, 의지와 다른 인간의 생각, 감정, 의지인 인간의 자아입니다. 바로 이 인간의 자아가 이 땅에서 부리는 모든 욕심의 내적인 본체인 것입니다. 그것은 인간은 태어날 때부터 내적인 욕심의 본체 곧 내적인 욕심의 아비인 마귀의 자식으로 태어났기 때문입니다.

② 마귀

● (요한복음 8:44)

44 너희는 너희 아비 마귀에게서 났으니 너희 아비의 욕심을 너희도 행하고자 하느니라 저는 처음부터 살인한 자요 진리가 그 속에 없으므로 진리에 서지 못하고 거짓을 말할 때마다 제 것으로 말하나니 이는 저가 거짓말장이요 거짓의 아비가 되었음이니라

③ 더러운 귀신＝욕심부리게 하는 귀신

● (마태복음 12:43-45)

더러운 귀신이 사람에게서 나갔을 때에 물 없는 곳으로 다니며 쉬기를 구하되 얻지 못하고 44 이에 가로되 내가 나온 내 집으로 돌아가리라 하고 와 보니 그 집이 비고 소제되고 수리되었거늘 45 이에 가서 저보다 더 악한 귀신 일곱을 데리고 들어가서 거하니 그 사람의 나중 형편이 전보다 더욱 심하게 되느니라 이 악한 세대가 또한 이렇게 되리라

위의 말씀은 초림 예수그리스도께서 사역 하실 그 당시의 바리새인과 서기관들은 욕심의 본체인 마귀(뱀)의 자식으로 태어나서 그 아비인 마귀의 욕심을 부리려고 한다고 하신 말씀입니다.

이러므로 바리새인 서기관들을 위시하여 뱀(마귀)의 유혹을 받아 선악과를 따먹는 욕심을 부린 아담 하와의 후손으로 태어난 모든 인간은 태어날 때부터 내적인 욕심을 가지고 태어납니다.

2. 욕심의 정체

(1) 자아에 의해서 생겨난 각종 욕심

예수님을 믿는 근본 목적은 천국에서 영생하기 위해서 입니다. 예수님께서 공중에 재림하실 때에 죽은 성도는 부활해서 또 살아있는 성도들은 변화되어서 예수님을 맞이해서 저 천국에 가서 영원히 살기 위해서 예수님을 믿는 것입니다. 예수님을 믿는 근본 목적도 모르고 신앙생활을 하는 성도들이 많이 있습니다. 이것은 기독교계의 지도자들이 성경대로 올바르게 가르치지 않기 때문입니다. 우리가 신앙의 8단계에 따라서 신앙생활을 잘하게 되면 천국에 갈 수 있는 믿음의 실력자가 되며, 범사가 잘되고 강건의 복도 그 사람의 분량에 따라서 주십니다.

이제부터는 6단계인 욕심의 정체에 대해 알아보도록 하겠습니다. 욕심은 자아에 의해서 생기게 됩니다.

● (마가복음 7:21-23)
21 속에서 곧 사람의 마음에서 나오는 것은 악한 생각 곧 음란과 도적질과 살인과 22 간음과 탐욕과 악독과 속임과 음탕과 흘기는 눈과 훼방과 교만과 광패니 23 이 모든 악한 것이 다 속에서 나와서 사람을 더럽게 하느니라

위 말씀에서 사람의 마음에서 나오는 것이 악한 생각인데 이

것은 하나님의 생각인 선한 생각과 다르기 때문에 악하다고 하
는 것입니다. 이 악한 생각에서 음란, 도적질, 살인.....등 12가지
의 욕심이 나온다고 기록되어 있습니다.

음란은 음행을 하고자하는 음욕에서 나오고 도둑질과 살인은
남의 것을 뺏으려는 욕심에서 비롯됩니다. 따라서 각종 욕심은
악한 생각 곧 자아에 의해서 생긴다는 것을 알 수 있습니다.

(2) 성령 충만의 단계에서 자아에 의한 욕심 처리의 단계에 이르지 못한 야곱의 20년 세월

● (창세기 32:6-12)

6 사자들이 야곱에게 돌아와 가로되 우리가 주인의 형 에서에게
이른즉 그가 사백 인을 거느리고 주인을 만나려고 오더이다 7 야
곱이 심히 두렵고 답답하여 자기와 함께한 종자와 양과 소와 약대
를 두 떼로 나누고 8 가로되 에서가 와서 한 떼를 치면 남은 한 떼
는 피하리라 하고 9 야곱이 또 가로되 나의 조부 아브라함의 하나
님, 나의 아버지 이삭의 하나님 여호와여 주께서 전에 내게 명하시
기를 네 고향, 네 족속에게로 돌아가라 내가 네게 은혜를 베풀리라
하셨나이다 10 나는 주께서 주의 종에게 베푸신 모든 은총과 모
든 진리를 조금이라도 감당할 수 없사오나 내가 내 지팡이만 가지
고 이 요단을 건넜더니 지금은 두 떼나 이루었나이다 11 내가 주
께 간구하오니 내 형의 손에서 에서의 손에서 나를 건져내시옵소
서 내가 그를 두려워하옴은 그가 와서 나와 내 처자들을 칠까 겁냄

이니이다 12 주께서 말씀하시기를 내가 정녕 네게 은혜를 베풀어 네 씨로 바다의 셀 수 없는 모래와 같이 많게 하리라 하셨나이다

야곱은 우리가 잘 아는 대로 믿음의 조상 아브라함의 손자입니다. 로마서 9장 13절을 보면 에서는 불택자(不擇者)이며 야곱은 모태에서부터 택자(擇者)입니다. 영생을 얻을 수 있는 8단계의 말씀이 들어가야 영생을 얻는 믿음이 생기고 천국에 들어가는 것입니다. 형제간이라도 택자와 불택자로 나뉠 수도 있습니다.

야곱이 아버지 이삭에게 받았던 별미 축복 기도(창27:27-29)는 성령 충만 받은 것을 의미합니다. 로마서 7장에는 속사람과 겉사람이 싸우는 내용이 있는데 이것은 성령 충만을 받으면 내 마음에서 영적 싸움인 자아와의 싸움이 벌어집니다. 마치 에서가 야곱을 죽이려고 마음먹은 것(창27:41-45)처럼 말입니다. 결국 야곱은 고향을 떠나 하란에서 20년간 생활하게 되는데 하란에서의 20년 생활이 성령 충만 받은 야곱이 자아 처리가 안 되어서 자아에 의해서 욕심을 부리는 생활을 한 것입니다.

위의 말씀 중에 "내가 내 지팡이만 가지고 이 요단을 건넜더니 지금은 두 떼나 이루었나이다"에서 야곱은 육신의 삶이 전혀 부족함이 없는 넘치는 복을 받았는데 이 받은 복이 바로 자아에 의해서 욕심 부린 결과였습니다.

(3) 성령 충만의 단계에서 자아에 의한 욕심 처리의
단계에 이르지 못한 광야교회 성도들의 40년 세월

● (신명기 29:2-4)

2 모세가 온 이스라엘을 소집하고 그들에게 이르되 여호와께서 애굽 땅에서 너희 목전에 바로와 그 모든 신하와 그 온 땅에 행하신 모든 일을 너희가 보았나니 3 곧 그 큰 시험과 이적과 큰 기사를 네가 목도하였느니라 4 그러나 깨닫는 마음과 보는 눈과 듣는 귀는 오늘날까지 여호와께서 너희에게 주지 아니하셨느니라

위의 말씀은 모세가 이스라엘 백성들을 이끌고 홍해를 건너서 광야로 왔는데, 홍해를 건넌 것은 성령세례를 받은 것을 의미합니다. "그러나 깨닫는 마음과 보는 눈과 듣는 귀는 오늘날까지 여호와께서 너희에게 주지 아니하셨느니라"라고 한 것은 모세가 가르친 참된 진리를 이스라엘 백성들이 깨닫지 못하여 마음에 새기지 못했다는 뜻입니다. 그래서 결국은 1세대 중에서 다수가 자아에 의한 욕심을 버리지 못해 가나안 땅에 들어가지 못했고 오직 여호수아, 갈렙 2명만 모세가 가르친 진리를 깨달아 마음에 새겨서 자아에 의한 욕심을 버려 가나안에 들어 갈 수 있었습니다.

● (고린도전서 10:5-6)

5 그러나 저희의 다수를 하나님이 기뻐하지 아니하신고로 저희가 광야에서 멸망을 받았느니라 6 그런 일은 우리의 거울이 되어 우리로 하여금 저희가 악을 즐겨한 것 같이 즐겨하는 자가 되지 않게

하려 함이니

● (민수기 32:10-13)
10 그 때에 여호와께서 진노하사 맹세하여 가라사대 11 애굽에서 나온 자들의 이십 세 이상으로는 한 사람도 내가 아브라함과 이삭과 야곱에게 맹세한 땅을 정녕히 보지 못하리니 이는 그들이 나를 온전히 순종치 아니하였음이니라 12 다만 그나스 사람 여분네의 아들 갈렙과 눈의 아들 여호수아는 볼 것은 여호와를 온전히 순종하였음이니라 하시고 13 여호와께서 이스라엘에게 진노하사 그들로 사십 년 동안 광야에 유리하게 하심으로 여호와의 목전에 악을 행한 그 세대가 필경은 다 소멸하였느니라

● (고린도전서 10:11-12)
11 저희에게 당한 이런 일이 거울이 되고 또한 말세를 만난 우리의 경계로 기록하였느니라 12 그런즉 선 줄로 생각하는 자는 넘어질까 조심하라

위의 말씀에서 광야교회 생활을 한 이스라엘 백성 다수가 하나님이 기뻐하지 아니하신 고로 멸망을 받았습니다. 오늘날에도 이 말씀은 우리에게 거울과 경계가 되는 말씀입니다. 오늘날의 기독교계, 기독신자에게도 광야 이스라엘 백성 40년 생활이 여전히 벌어지고 있습니다. 예수님을 믿고 교회만 다닌다고 모두 천국에 가는 것이 아닙니다.

출애굽을 한 1세대 장년 60만 명 중에서 오직 2명(여호수아, 갈렙)만 자아에 의한 욕심을 처리해서 가나안에 들어갈 수 있었습니다. 따라서 오늘날 교회에서도 이 땅의 축복을 받는 기복신앙이 아닌 자아에 의한 욕심을 처리하도록 가르쳐야 합니다.

● (누가복음 18:8)
내가 너희에게 이르노니 속히 그 원한을 풀어 주시리라 그러나 인자가 올 때에 세상에서 믿음을 보겠느냐 하시니라

위의 말씀에서 예수님 오실 때 기독교계의 믿는 자 중에서 예수님을 맞이할 수 있는 참 믿음을 가진 자는 적다고 하셨습니다. '믿는 자를 보겠느냐'하지 않으시고 '인자가 오실 때 믿음을 보겠느냐'라고 하였습니다. 제대로 믿는 자는 적다는 뜻입니다. 이런 믿음을 가진 자가 바로 자아에 의한 욕심이 처리된 자들을 뜻합니다.

앞에서 설명한 야곱과 광야교회를 볼 때 성령 충만까지 받아서 신앙생활을 오래한다고 해서 자아에 의한 욕심이 처리되는 것이 아닙니다.

● (사무엘상 10:9-13)
9 그가 사무엘에게서 떠나려고 몸을 돌이킬 때에 하나님이 새 마음을 주셨고 그 날 그 징조도 다 응하니라 10 그들이 산에 이를 때에 선지자의 무리가 그를 영접하고 하나님의 신이 사울에게 크게

임하므로 그가 그들 중에서 예언을 하니 11 전에 사울을 알던 모든 사람이 사울의 선지자들과 함께 예언함을 보고 서로 이르되 기스의 아들의 당한 일이 무엇이뇨 사울도 선지자들 중에 있느냐 하고 12 그 곳의 어떤 사람은 말하여 이르되 그들의 아비가 누구냐 한지라 그러므로 속담이 되어 가로되 사울도 선지자들 중에 있느냐 하더라 13 사울이 예언하기를 마치고 산당으로 가니라

● (사무엘상 19:23-24)
23 사울이 라마 나욧으로 가니라 하나님의 신이 그에게도 임하시니 그가 라마 나욧에 이르기까지 행하며 예언을 하였으며 24 그가 또 그 옷을 벗고 사무엘 앞에서 예언을 하며 종일 종야에 벌거벗은 몸으로 누웠었더라 그러므로 속담에 이르기를 사울도 선지자 중에 있느냐 하니라

위 말씀에서 사울왕은 성령 충만을 받은 자이며, 예언의 은사가 충만하여 종일 종야에 옷이 벗겨져도 모르던 인물이었습니다. 백성들이 전쟁에서 이긴 사울과 다윗을 노래하며 '사울이 죽인 자는 천천이요, 다윗이 죽인 자는 만만이라'며 노래를 부르니, 시기가 난 사울이 다윗을 죽이려고 계획했습니다. 사울이 딸 미갈을 다윗에게 줄테니 블레셋을 치라고 명령했습니다. 딸을 위해서 사위를 삼으려고 한 것이 아닌, 다윗을 죽이려고 사위를 삼은 사건입니다.

또한 사울은 밥을 먹다가 다윗을 향해서 창을 던지기도 하였

습니다. 그래서 다윗이 망명생활을 시작했으며, 사위가 된 다윗을 죽이려 군사를 이끌고 공격하기도 하였습니다. 나중에는 사울이 신접한 여인을 찾아갔습니다. 이런 사울은 천국에 가지 못했습니다. 이런 일련의 사건들은 사울에게만 해당하는 것이 아닙니다. 오늘날 우리에게도 해당하는 사건이며, 이것을 보고 거울과 경계로 삼아야 하는 말씀입니다.

사무엘상 9장을 보면 사울이 처음에는 효도를 잘했습니다. 그러나 효도 잘해서 이 땅에서 복을 받았다고 가르치고 배우면 안 됩니다. 효도도 잘하고, 성령 충만, 능력 충만, 예언을 잘했지만, 자아와 욕심이 처리되지 못한 자는 결코 천국에 들어갈 수 없다는 진리의 말씀을 가르치고 배워야 합니다.

● (유다서 1:11)
화 있을찐저 이 사람들이여, 가인의 길에 행하였으며 삯을 위하여 발람의 어그러진 길로 몰려갔으며 고라의 패역을 좇아 멸망을 받았도다

발람을 봅시다. 발람은 하나님의 종이었습니다. 민수기 22장에서 기도할 때 하나님께 응답도 받았던 그런 종이었습니다. 하나님과 교통하던 종이었음에도 발람은 지옥에 갔습니다. 왜 그랬을까요? 발람 선지자는 발락왕의 말을 들었습니다. 시편 1편은 복 있는 자는 악인의 꾀를 좇지 아니하며 죄인의 길에 서지 말라고 하였습니다.

아무리 성령 충만, 은사 충만 받아도 발람과 같은 선지자의 신앙이면, 지옥에 갈 수 밖에 없습니다. 발락 왕은 발람에게 명예와 권세를 주겠다면서 유혹했습니다. 하나님과 교통하는 신령한 주의 종이었지만 발람은 발락왕의 유혹을 거절하지 못한 즉 욕심을 버리지 못하여 거짓선지자가 되었습니다(유다서 1:11). 욕심을 버리지 못하면 천국에 갈 수 없으며 지옥에 갈 수 밖에 없습니다.

성령 충만, 은사 충만을 받았다고 하더라도 자아와 욕심을 처리해야 천국에 갈 수 있습니다.

● (창세기 11:28-12:1)

28 하란은 그 아비 데라보다 먼저 본토 갈대아 우르에서 죽었더라 29 아브람과 나홀이 장가들었으니 아브람의 아내 이름은 사래며 나홀의 아내 이름은 밀가니 하란의 딸이요 하란은 밀가의 아비며 또 이스가의 아비더라 30 사래는 잉태하지 못하므로 자식이 없었더라 31 데라가 그 아들 아브람과 하란의 아들 그 손자 롯과 그 자부 아브람의 아내 사래를 데리고 갈대아 우르에서 떠나 가나안 땅으로 가고자 하더니 하란에 이르러 거기 거하였으며 32 데라는 이백오 세를 향수하고 하란에서 죽었더라 1 여호와께서 아브람에게 이르시되 너는 너의 본토 친척 아비 집을 떠나 내가 네게 지시할 땅으로 가라

아브라함을 봅시다. 아브람의 아비 데라는 바벨론의 우르에 살다가 가나안으로 가고 싶어 하란으로 이동했습니다. 아비 데라는

거기에서 죽고, 아브라함에게 하나님께서 '본토, 친척, 아비 집을 떠나라'고 명령하셨습니다. 여기서 '본토, 친척, 아비 집을 떠난' 사건이 바로 아브람이 성령을 받은 상태입니다. 성령을 받지 못하면 주일도 제대로 지키지 못하는 정도의 신앙임을 감안할 때 고향을 버리고 이민을 갔다는 것은(히11:8) 최소한 성령 충만을 받아야 떠날 수 있음을 알아야 합니다.

이제 가나안 땅에 온 아브라함은 성령 충만을 받았지만 여전히 자아와 욕심을 버리지 못한 가운데 신앙생활을 하고 있었습니다. 백세가 되던 해에 아들인 이삭을 얻게 되는데, 그 후에 하나님께서 '이삭을 바치라'고 하십니다. 하나님께서 아브라함을 시험하실 때에는 성령 충만을 받은 지 몇 십 년 후였습니다.

그런 아브라함이 이삭을 바쳤을 때 비로소 하나님께서 '네가 하나님을 경외하는 줄 아신다'고 하셨습니다. 경외하는 신앙이 바로 자아가 죽어진 신앙입니다.

● (창세기 22:2-12)

2 여호와께서 가라사대 네 아들 네 사랑하는 독자 이삭을 데리고 모리아 땅으로 가서 내가 네게 지시하는 한 산 거기서 그를 번제로 드리라 3 아브라함이 아침에 일찌기 일어나 나귀에 안장을 지우고 두 사환과 그 아들 이삭을 데리고 번제에 쓸 나무를 쪼개어 가지고 떠나 하나님의 자기에게 지시하시는 곳으로 가더니 4 제 삼일에 아브라함이 눈을 들어 그곳을 멀리 바라본지라 5 이에 아브라함이 사환에게 이르되 너희는 나귀와 함께 여기서 기다리라 내가 아이

와 함께 저기 가서 경배하고 너희에게로 돌아오리라하고 6 아브라함이 이에 번제 나무를 취하여 그 아들 이삭에게 지우고 자기는 불과 칼을 손에 들고 두 사람이 동행하더니 7 이삭이 그 아비 아브라함에게 말하여 가로되 내 아버지여 하니 그가 가로되 내 아들아 내가 여기 있노라 이삭이 가로되 불과 나무는 있거니와 번제할 어린 양은 어디 있나이까 8 아브라함이 가로되 아들아 번제할 어린 양은 하나님이 자기를 위하여 친히 준비하시리라 하고 두 사람이 함께 나아가서 9 하나님이 그에게 지시하신 곳에 이른지라 이에 아브라함이 그곳에 단을 쌓고 나무를 벌여놓고 그 아들 이삭을 결박하여 단 나무위에 놓고 10 손을 내밀어 칼을 잡고 그 아들을 잡으려 하더니 11 여호와의 사자가 하늘에서부터 그를 불러 가라사대 아브라함아 아브라함아 하시는지라 아브라함이 가로되 내가 여기 있나이다하매 12 사자가 가라사대 그 아이에게 네 손을 대지 말라 아무 일도 그에게 하지 말라 네가 네 아들 네 독자라도 내게 아끼지 아니하였으니 내가 이제야 네가 하나님을 경외하는 줄을 아노라

창세기에는 아브라함이 하나님의 말씀을 준행 했다는 말씀이 나옵니다. 이 창세기 22장의 말씀이 바로 전도서의 '하나님을 경외하고 그 명령을 지킬지어다 이것이 사람의 본분이니라' 라고 한 말씀과 짝된 말씀입니다.

● (창세기 22:18)
또 네 씨로 말미암아 천하 만민이 복을 얻으리니 이는 네가 나의 말을 준행하였음이니라 하셨다 하니라

● (전도서 12:13)

일의 결국을 다 들었으니 하나님을 경외하고 그 명령을 지킬지어
다 이것이 사람의 본분이니라

아브라함이 독자 이삭을 하나님께 바칠 때 자아가 죽은 신앙으로써 즉 여호와를 경외하는 것이며, 명령을 준행하는 것은 사랑의 새 계명을 지킨 신앙입니다. 바로 자아에 의한 욕심을 버려야만 하나님을 마음 다하고, 뜻 다하고, 목숨 다하여 사랑할 수 있는 것입니다. 이것이 바로 우리의 믿음의 조상 아브라함의 신앙생활입니다. 우리도 이런 아브라함의 신앙생활을 본받아야 천국에 갈 수 있는 것입니다. 자아와 욕심이 처리되고, 하나님을 목숨까지 다해서 사랑해야 천국에 갈 수 있는 것입니다.

3. 욕심을 처리하는 비결

우리 속에는 자아와 욕심의 본체가 있는데 이것을 처리해야 하는 것이 중요합니다. 도둑이 오는 것을 아는 것으로 끝나면 안 되고, 오지 않게 해야 하며 도둑을 잡아야 하는 것입니다. 자아와 욕심의 본체를 처리해야 합니다.

(1) 욕심을 버리면서 진리를 항상 배울 것

● (디모데후서 3:6-7)
6 저희 중에 남의 집에 가만히 들어가 어리석은 여자를 유인하는 자들이 있으니 그 여자는 죄를 중히 지고 여러 가지 욕심에 끌린 바 되어 7 항상 배우나 마침내 진리의 지식에 이를 수 없느니라

욕심을 버리면서 진리의 말씀을 항상 배워야 합니다. 집은 교회이며, 여자는 교회에서 신앙생활을 하는 성도를 뜻합니다. 이 여자는 자아와 욕심에 끌려 신앙생활을 하기에 결국은 진리의 지식에 이를 수가 없습니다. 그래서 이 집의 여자를 어리석다고 했습니다. 진리의 말씀을 배움에도 불구하고 욕심을 버리는 생활에 힘쓰지 않으면 계속 욕심의 유혹을 받아 욕심 부리는 생활을 하게 됩니다. 어리석다는 것은 미련하다는 뜻이며, 예수님 오실 때에 맞이하지 못한 미련한 다섯 처녀의 신앙생활(마25:1-13)과 같은 수준입니다.

가룟 유다를 생각해 봅시다. 예수님을 만나서 예수님과 3년 반 동안 제자 생활을 했습니다. 예수님의 제자라고 하면 신앙생활을 잘 했다고 생각할 수 있습니다. 그럼에도 불구하고 욕심을 버리지 못하고 예수님을 은 30냥에 팔아 결국 지옥에 갔습니다. 가룟 유다를 향하여 요한복음 12장 6절은 도적이라고 했고, 6장 70절에서는 마귀라고 하셨습니다.

가룟 유다는 예수님께 욕심을 처리하는 말씀을 배웠음에도 불구하고, 욕심이 처리되지 않은 신앙생활을 했습니다. 진리의 말씀까지 배웠음에도 욕심에 이끌리면서 배운 자의 전형적인 인물이라고 할 수 있습니다.

또 광야의 이스라엘 백성들의 40년 교회생활을 살펴보겠습니다. 고린도전서 10장에서 홍해 바다를 건넘으로 성령을 충만히 받았습니다. 모세가 반석을 지팡이로 치니 반석에서 나오는 신령한 음료 즉 배에서 흐르는 시원한 생수의 성령까지 받았고 가슴에는 뜨거운 불의 성령으로 충만했습니다. 또한 하나님의 입으로 나오는 모든 말씀 곧 성경 말씀인 만나를 매일 먹는 생활을 했음에도 민수기 11장에서 모세에게 생선, 수박, 참외, 파, 마늘, 부추를 달라며 모세에게 달려들었습니다. 이것은 모두 정력제로 성경에서 정력은 욕심, 정욕을 말합니다.

고기를 달라고 하여 메추라기를 내려 주셨고 그 사건으로 많은 자들이 죽었는데, 그 죽은 자들의 무덤을 탐욕의 무덤이라 하였습니다. 메추라기(고기)를 달라는 것도 탐욕을 부렸다는 뜻입니다(민11:33-34).

모세가 시내 산에 하나님의 말씀을 받으러 올라갔을 때, 이스라엘 백성들은 금송아지 우상을 만들었습니다(출32장). 우상숭배는 탐욕, 탐심 곧 욕심이라고 했습니다(골3:5). 성령 충만, 은사 충만을 받고 진리의 말씀을 항상 배우나 욕심에 끌린바 된 생활을 한 그들은 모두 광야에서 멸망당했습니다(고전10:5). 진리의 말씀은 욕심을 빼면서 듣고 배워야 합니다.

욕심에 대해서 구체적으로 상고하겠습니다. 누가복음의 어리석은 부자(눅12:16-21)를 보면 자기 영혼에게 이르되 평안히 쉬고 먹고 마시고 즐거워하자고 했습니다. 영혼을 언급한 이 사람은 믿는 자입니다. 꿈에 하나님께서 나타나셔서 어리석은 자, 미련한 자라고 하셨습니다. 천국에 갈 수 없는 미련한 다섯 처녀의 신앙을 뜻합니다. "자기를 위해서는 부요하며 하나님에 대해서는 부요치 못하다"고 한 것은 욕심을 처리 못하고 욕심을 부린 것을 말합니다.

● (말라기 3:7)
만군의 여호와가 이르노라 너희 열조의 날로부터 너희가 나의 규례를 떠나 지키지 아니하였도다 그런즉 내게로 돌아오라 그리하면 나도 너희에게로 돌아가리라 하였더니 너희가 이르기를 우리가 어떻게 하여야 돌아가리이까 하도다

말라기 시대에 하나님을 믿은 이스라엘 백성들이 여호와께로부터 떠난 상태이며, 미련한 다섯 처녀의 신앙상태라고 할 수 있습니다.

● (말라기 3:8-9)
8 사람이 어찌 하나님의 것을 도적질하겠느냐 그러나 너희는 나의 것을 도적질하고도 말하기를 우리가 어떻게 주의 것을 도적질 하

였나이까 하도다 이는 곧 십일조와 헌물이라 9 너희 곧 온 나라가
나의 것을 도적질하였으므로 너희가 저주를 받았느니라

위 성경에서 하나님의 것을 도적질 했으므로 저주를 받았다는
것은 지옥 간다는 뜻입니다. 왜냐하면 십일조와 헌물을 드리지
않는 것은 하나님의 것을 도적질 한 욕심을 버리지 못한 신앙이
며, 부자가 재물을 쌓아 놓고 살다가 지옥에 가는 것과 동일한 말
씀입니다. 욕심에 끌린바 되지 않고, 진리의 말씀을 듣고 배우면
욕심의 본체인 자아가 처리되는 것입니다.

(2) 젖의 말씀을 온전히 폐하는 것

● (창세기 35:8)
리브가의 유모 드보라가 죽으매 그를 벧엘 아래 상수리나무 밑에
장사하고 그 나무 이름을 알론바굿이라 불렀더라

유모는 어린 시절을 잘 보내게 하는 역할을 합니다. 우리에게
는 영적인, 신앙적인, 믿음적인 어린아이 시절이 있습니다. 이런
어린 시절에는 하나님께서 젖을 먹기를 바라십니다.

야곱이 얍복 강가에서 천사하고 밤새 씨름을 해서 이겼고, 환
도뼈가 부러지는 사건이 발생했습니다. 이것은 야곱의 내적 자아
가 죽는 체험이라고 이미 언급하였습니다. 그래서 이름이 이스라
엘, 즉 이기는 자가 되었고 내적 자아가 처리 된 신앙인이 되었습

니다.

　그런 그가 벧엘로 올라가지 않고, 세겜으로 내려갔습니다. 내적 자아는 죽었지만, 아직도 욕심까지 버리는 생활을 하지 못했다는 뜻입니다. 그곳에 가서 살 때까지 외삼촌의 집에서 가지고 나온 드라빔을 버리지 못했습니다. 과거에 라헬이 도적질한 드라빔을 내 놓기 싫어서 말안장에 숨겨놓고 경수가 있다고 거짓말을 했었습니다. 드라빔은 가정을 지켜주고, 복을 준다고 하는 신인데 이것이 바로 욕심이 처리되지 않은 상태를 말합니다. 얍복강 나루터에서 환도뼈가 부러졌음에도 드라빔을 버리지 않고 세겜으로 가지고 갔습니다. 욕심을 아직도 버리지 못한 야곱과 그 식구들을 뜻합니다. 그로 인해 외동딸 디나가 강간을 당하고 야곱의 아들들이 복수로 원주민들을 죽였습니다. 벧엘로 올라가라는 하나님의 음성을 듣고 비로소 드라빔과 패물을 빼서 상수리나무 밑에 묻었습니다.

　이것이 욕심을 버렸다는 뜻입니다. 그리고 벧엘로 올라가서 전제를 드린 다음에, 야곱은 이스라엘이라고 불리게 되었습니다. 자아와 욕심까지 버리고 생활하는 이기는 자가 되었다는 뜻입니다. 유모가 죽었으니 젖을 먹을 수도 없고 욕심 부리는 생활도 할 수 없게 되었습니다. 이러므로 젖을 먹고 욕심 부리게 하는 유모가 죽으매 그를 벧엘 아래 상수리나무 밑에 장사하고 그 나무 이름을 알론바굿(곡하는 상수리나무)이라 불렀던 것입니다.

● (에베소서 4:14)

이는 우리가 이제부터 어린 아이가 되지 아니하여 사람의 궤술과 간사한 유혹에 빠져 모든 교훈의 풍조에 밀려 요동치 않게 하려 함 이라

● (히브리서 5:12-6:2)

12 때가 오래므로 너희가 마땅히 선생이 될 터인데 너희가 다시 하나님의 말씀의 초보가 무엇인지 누구에게 가르침을 받아야 할 것이니 젖이나 먹고 단단한 식물을 못 먹을 자가 되었도다 13 대저 젖을 먹는 자마다 어린 아이니 저희는 말씀을 경험하지 못한 자요 14 단단한 식물은 장성한 자의 것이니 저희는 지각을 사용하므로 연단을 받아 선악을 분변하는 자들이니라 6:1 그러므로 우리가 그리스도 도의 초보를 버리고 죽은 행실을 회개함과 하나님께 대한 신앙과 2 세례들과 안수와 죽은 자의 부활과 영원한 심판에 관한 교훈의 터를 다시 닦지 말고 완전한 데 나아갈지니라

에베소서와 히브리서에도 장성한 자의 신앙을 가지라는 말씀을 기록해 놓았습니다. 하나님 말씀을 먹되 젖의 말씀을 폐하고 장성한 자의 밥의 말씀을 먹어야 합니다.

● (열왕기상 13:1-24)

1 때에 하나님의 사람이 여호와의 말씀으로 인하여 유다에서부터 벧엘에 이르니 마침 여로보암이 단 곁에 서서 분향하는지라 2 하나님의 사람이 단을 향하여 여호와의 말씀으로 외쳐 가로되 단아

단아 여호와께서 말씀하시기를 다윗의 집에 요시야라 이름하는 아들을 낳으리니 저가 네 위에 분향하는 산당 제사장을 네 위에 제사할 것이요 또 사람의 뼈를 네 위에 사르리라 하셨느니라 하고 ~ 23 자기가 데리고 온 선지자가 떡을 먹고 물을 마신 후에 그를 위하여 나귀에 안장을 지우니라 24 이에 그 사람이 가더니 사자가 길에서 저를 만나 죽이매 그 시체가 길에 버린 바 되니 나귀는 그 곁에 섰고 사자도 그 시체 곁에 섰더라

유다의 젊은 선지자와 벧엘의 늙은 선지자가 있었습니다. 여로보암이 이스라엘 나라에 반역을 일으켜서 벧엘에 우상을 세우고 섬기면서 신앙생활을 하고 있었습니다. 여로보암은 하나님도 섬기고 금송아지도 섬기는 짓을 했으며, 또한 적그리스도의 모형이라고 할 수 있습니다. 하나님께서 젊은 선지자를 시켜 여로보암을 책망하라고 보내셨습니다.

젊은 선지자가 가서 여로보암을 책망했으나 듣지 않고 오히려 여로보암이 젊은 선지자를 죽이라고 명하자 잡으려던 손이 말랐습니다. 그래서 여로보암이 젊은 선지자에게 하나님께 기도하여 다시 손을 펴달라고 부탁하니 젊은 선지자는 손이 펴지게 해 주었습니다. 여로보암이 같이 집으로 가서 쉬고, 예물을 주겠다고 했으나 하나님께서 절대 받지 말라고 하셨다며 거절했습니다.

이 신앙은 적그리스도에게 미혹 받지 않고 666표를 받지 않는 신앙을 뜻합니다. 그러나 길을 가다가 상수리나무 아래서 쉬고 있을 때 늙은 선지자가 와서 하나님께서 떡을 먹이고 물을 마시우라 하셨다며 거짓말로 속였을 때 그 말을 듣고 선지자 집으로

가서 떡을 먹고 물을 마시고는 결국 사자(마귀, 적그리스도)에게
죽임을 당하게 되었습니다.

　여로보암에게 가서 책망하던 젊은 선지자의 말씀이 바로 적그
리스도를 이기는 장성한 자가 되게 한 밥의 말씀이었습니다. 그
러나 늙은 선지자의 속이는 말씀은 사자(마귀, 적그리스도)를 이
기지 못한 어린아이가 되게 한 젖의 말씀이었습니다. 그러므로
온전한 분별력을 가지고 젖의 말씀을 폐해야만 합니다.
　젖의 말씀, 밥의 말씀은 룻기에서도 찾아 볼 수 있습니다.

● (룻기 1:6-17)
6 그가 모압 지방에 있어서 여호와께서 자기 백성을 권고하사 그
들에게 양식을 주셨다 함을 들었으므로 이에 두 자부와 함께 일어
나 모압 지방에서 돌아오려 하여 7 있던 곳을 떠나고 두 자부도
그와 함께 하여 유다 땅으로 돌아오려고 길을 행하다가 8 나오미
가 두 자부에게 이르되 너희는 각각 어미의 집으로 돌아가라 너희
가 죽은 자와 나를 선대한 것같이 여호와께서 너희를 선대하시기
를 원하며 9 여호와께서 너희로 각각 남편의 집에서 평안함을 얻
게 하시기를 원하노라 하고 그들에게 입맞추매 그들이 소리를 높
여 울며 10 나오미에게 이르되 아니니이다 우리는 어머니와 함께
어머니의 백성에게로 돌아가겠나이다 11 나오미가 가로되 내 딸
들아 돌아가라 너희가 어찌 나와 함께 가려느냐 나의 태중에 너희
남편될 아들들이 오히려 있느냐 12 내 딸들아 돌이켜 너희 길로
가라 나는 늙었으니 남편을 두지 못할지라 가령 내가 소망이 있다

나오미의 처음 요청에는 오르바와 룻이 떠나지 않았습니다. 그
러나 재차 나오미가 아들을 다시 낳아 며느리들에게 남편 두기가
불가능함을 말했을 때, 큰며느리 오르바는 입 맞추고 그 백성과
신에게 돌아갔습니다. 이 땅위에서 육신이 원하는 바를 따라 돌아
간 오르바는 젖의 말씀을 먹고 신앙생활을 한 성도를 뜻합니다.
그러나 룻은 천국의 소망, 영생의 소망을 가지고 나오미를 끝까지
따라간 밥의 말씀을 먹고 신앙생활을 한 성도를 뜻합니다.

젖의 말씀, 밥의 말씀은 사울 왕과 백성에게서 찾아볼 수 있습니다.

지금 가서 아말렉을 쳐서 그들의 모든 소유를 남기지 말고 진멸하되 남녀와 소아와 젖 먹는 아이와 우양과 약대와 나귀를 죽이라 하셨나이다

8 아말렉 사람의 왕 아각을 사로잡고 칼날로 그 모든 백성을 진멸하였으되 9 사울과 백성이 아각과 그 양과 소의 가장 좋은 것 또는 기름진 것과 어린 양과 모든 좋은 것을 남기고 진멸키를 즐겨 아니하고 가치 없고 낮은 것은 진멸 하니라

하나님께서는 아말렉을 쳐서 소유를 남기지 말고 진멸하라고 하셨으나 사울과 백성이 아각과 양, 소의 좋은 것을 남기고 값없고 낮은 것은 죽였습니다. 하나님의 말씀을 젖의 말씀으로만 먹었던 사울과 백성의 신앙차원으로 마지막 때에 적그리스도를 따라갈 신앙차원, 욕심이 가득 찬 상태를 뜻합니다. 좋은 것을 남겨둔 것은 욕심을 부린 신앙인데 젖의 말씀으로 신앙생활을 한 것입니다. 오늘날에도 이런 성도들은 밥의 말씀을 먹지 못했으므로 천국에 갈 수가 없습니다.

이와 같이 하나님의 말씀은 젖의 말씀과 밥의 말씀이 있다는 것을 아시고, 천국에 가게 하는 밥의 말씀까지 욕심 버리면서 먹어서 야곱의 유모가 죽은 신앙생활, 곧 자아와 욕심을 버리고 신앙생활을 반드시 해야 합니다.

4. 욕심 처리한 성도의 생활 :
   악을 버리고 선한 생활을 할 것

(1) 참고 선을 행하는 성도들에게는
   영광과 존귀와 평강과 영생이 있으므로

● (로마서 2:6-10)

6 하나님께서 각 사람에게 그 행한 대로 보응하시되 7 참고 선을 행하여 영광과 존귀와 썩지 아니함을 구하는 자에게는 영생으로 하시고 8 오직 당을 지어 진리를 좇지 아니하고 불의를 좇는 자에게는 노와 분으로 하시리라 9 악을 행하는 각 사람의 영에게 환난과 곤고가 있으리니 첫째는 유대인에게요 또한 헬라인에게며 10 선을 행하는 각 사람에게는 영광과 존귀와 평강이 있으리니 첫째는 유대인에게요 또한 헬라인에게라

위의 말씀은 참고 선을 행하는 성도들에게는 영광과 존귀와 평강과 영생이 있다고 했습니다. 즉 욕심 버리는 신앙생활을 하면, 범사가 잘되고 강건의 복과 영생을 누리는 복을 받는다는 것입니다.

● (잠언 24:1)

너는 악인의 형통을 부러워하지 말며 그와 함께 있기도 원하지 말지어다

● (잠언 24:19)

너는 행악자의 득의함을 인하여 분을 품지 말며 악인의 형통을 부

러워하지 말라

위의 말씀처럼 우리는 악인의 형통을 부러워하지 말아야 하겠습니다. 세상에서도 악인들이 잘 먹고, 잘 사는 예가 얼마든지 많이 있습니다. 사회 곳곳에 퍼져 있는 악인들이 부정하게 얻은 돈을 가지고 살아가는 자들이 많습니다. 천국에 갈 수 없는 악인의 형통을 부러워하지 말고, 우리는 욕심을 버리고 의인의 형통의 복을 받아 누리도록 해야 합니다.

(2) 선을 이미 버린 북이스라엘 교회 성도들은 앗수르 나라에 멸망당했으므로

● (호세아 8:3)

이스라엘이 이미 선을 싫어 버렸으니 대적이 저를 따를 것이라

이스라엘이 '선을 싫어서 버렸으니'는 악만 행하며 욕심을 부렸다는 뜻이며, 대적은 앗수르 나라를 뜻하며 앗수르에게 망하게 되었다는 뜻입니다. 남유다는 BC 586년에 바벨론에, 북이스라엘은 BC 722년에 앗수르에 의해서 망했는데 근본 원인은 자아와 욕심을 버리지 못하고 선을 행하지 않고 악을 행했기 때문이었습니다.

구약 북이스라엘 성도들처럼 신약 교회의 성도들이 욕심을 버리지 못하여 선을 행하지 않고 악을 행하는 음녀신앙이 되면 적그리스도에게 멸망 받게 됩니다. 그러므로 자아와 욕심이 처리되어 선을 행하는 신부 교회(성도)가 되어서 신랑 예수를 맞이하는 영생의 복을 누려야 하겠습니다.

북이스라엘이 욕심 버리는 생활을 하지 못해 앗수르에 멸망을 당한 사건을 구체적으로 성경을 통해 살펴보겠습니다.

● (열왕기상 12:25-33)
25 여로보암이 에브라임 산지에 세겜을 건축하고 거기서 살며 또 거기서 나가서 부느엘을 건축하고 26 그 마음에 스스로 이르기를 나라가 이제 다윗의 집으로 돌아가리로다 27 만일 이 백성이 예루살렘에 있는 여호와의 전에 제사를 드리고자 하여 올라가면 이 백성의 마음이 유다 왕 된 그 주 르호보암에게로 돌아가서 나를 죽이고 유다 왕 르호보암에게로 돌아가리로다 하고 28 이에 계획하고 두 금송아지를 만들고 무리에게 말하기를 너희가 다시는 예루살렘에 올라갈 것이 없도다 이스라엘아 이는 너희를 애굽땅에서 인도하여 올린 너희 신이라 하고 29 하나는 벧엘에 두고 하나는 단에 둔지라 30 이 일이 죄가 되었으니 이는 백성들이 단까지 가서 그 하나에게 숭배함이더라 31 저가 또 산당들을 짓고 레위 자손 아닌 보통 백성으로 제사장을 삼고 32 팔월 곧 그 달 십 오일로 절기를 정하여 유다의 절기와 비슷하게하고 단에 올라가되 벧엘에서 그와 같이 행하여 그 만든 송아지에게 제사를 드렸으며 그 지은 산당의

제사장은 벧엘에서 세웠더라 33 저가 자기 마음대로 정한 달 곧
팔월 십오일로 이스라엘 자손을 위하여 절기로 정하고 벧엘에 쌓
은 단에 올라가서 분향하였더라

이스라엘 백성들이 광야에서 섬겼던 금송아지 우상을 여로보
암이 하나는 벧엘에 두고 하나는 단에 두었습니다. 그리고서 그
금송아지 우상을 너희의 신이라고 섬기라고 합니다. 예루살렘에
올라가서 여호와께 제사를 드리게 되면 백성이 여로보암을 죽일
까 두려워 우상을 만들었습니다.
　우상숭배는 탐욕이며 욕심이며, 욕심 부리는 죄를 지었다는 뜻
입니다. 북이스라엘은 반역을 일으킨 여로보암 때부터 계속 우상
을 섬겼습니다. 또한 레위 족속이 아닌 족속을 제사장을 세웠습
니다. 아무 백성이나 제사장을 주의 종으로 세웠습니다. 하나님
께서 택한 자도 아닌 자들을 주의 종으로 세웠다는 말씀입니다.

　출애굽기 23장과 신명기 16장에는 유월절(무교절)과 칠칠절,
장막절(수장절)을 지키라고 하셨습니다. 그런데 33절에는 자기
마음대로 정한 달을 절기로 정했다는 내용이 나옵니다. 오늘날
크리스마스를 상업적으로 이용하는 것은 크나큰 잘못이라 할 수
있습니다. 성탄절이나 사순절이라는 절기는 성경에 별도로 기록
하지 않으셨으므로, 오늘날 의미를 새기는 것은 좋지만 성경에
지키라는 절기는 아닙니다.

　호세아를 봅시다.

● (호세아 10:1-2)

1 이스라엘은 열매 맺는 무성한 포도 나무라 그 열매가 많을수록 제단을 많게 하며 그 땅이 아름다울수록 주상을 아름답게 하도다 2 저희가 두 마음을 품었으니 이제 죄를 받을 것이라 하나님이 그 제단을 쳐서 깨치시며 그 주상을 헐으시리라

이스라엘은 북쪽 이스라엘입니다. 여기서 주상은 기둥모양으로 만든 가나안 사람들의 우상입니다. 우리나라의 천하대장군, 지하여장군과 같은 우상입니다. 두 마음을 품었다는 말씀은 예수님도 좋고, 우상도 좋다는 종교다원주의 신앙입니다. 욕심 부리는 음녀 신앙입니다.

교회가 부흥되면 부흥될수록 더 욕심을 부리는 것과 일맥상통한 말씀입니다.

● (호세아 4:6-9)

6 내 백성이 지식이 없으므로 망하는도다 네가 지식을 버렸으니 나도 너를 버려 내 제사장이 되지 못하게 할 것이요 네가 네 하나님의 율법을 잊었으니 나도 네 자녀들을 잊어버리리라 7 저희는 번성할수록 내게 범죄하니 내가 저희의 영화를 변하여 욕이 되게 하리라 8 저희가 내 백성의 속죄 제물을 먹고 그 마음을 저희의 죄악에 두는도다 9 장차는 백성이나 제사장이나 일반이라 내가 그 소행대로 벌하며 그 소위대로 갚으리라

이 말씀은 앗수르에게 망한다는 말씀입니다. 이유는 백성은 지

식이 없고, 제사장들은 율법을 버려 자아와 욕심이 처리되지 않아 사랑의 새 계명을 실천하지 않는 신앙생활을 하였기 때문입니다. 오늘날도 욕심 버리지 못하는 주의 종이나 성도들은 천국에 가지 못하고 적그리스도의 세력에게 먹힌바 되어 둘째 사망 지옥에 갑니다.

그러므로 북이스라엘 백성처럼 신약 교회 성도들도 욕심까지 처리하지 않고 사랑의 새계명을 지켜 행하지 아니하면 적그리스도에게 삼킨바 되어 둘째 사망 지옥에 간다는 진리의 말씀을 명심해야 합니다.

(3) 선을 행하시는 선한 아버지 하나님을 닮은 성도가 되기 위하여

● (역대상 16:34)
여호와께 감사하라 그는 선하시며 그 인자하심이 영원함이로다

● (역대하 7:3)
이스라엘 모든 자손은 불이 내리는 것과 여호와의 영광이 전에 있는 것을 보고 박석 깐 땅에 엎드려 경배하며 여호와께 감사하여 가로되 선하시도다 그 인자하심이 영원하도다 하니라

● (시편 100:5)
대저 여호와는 선하시니 그 인자하심이 영원하고 그 성실하심이

대대에 미치리로다

(추가 말씀 : 시편 106:1, 107:1, 119:68 / 예레미야 33:11)

하나님은 선하시며 선의 본체이십니다.

●(출애굽기 33:19)
여호와께서 가라사대 내가 나의 모든 선한 형상을 네 앞으로 지나
게 하고 여호와의 이름을 네 앞에 반포하리라 나는 은혜 줄 자에게
은혜를 주고 긍휼히 여길 자에게 긍휼을 베푸느니라

●(열왕기하 20:19)
히스기야가 이사야에게 이르되 당신의 전한 바 여호와의 말씀이
선하니이다 하고 또 가로되 만일 나의 사는 날에 태평과 진실이 있
을진대 어찌 선하지 아니하리요 하니라

●(느헤미야 9:13)
또 시내 산에 강림하시고 하늘에서부터 저희와 말씀하사 정직한
규례와 진정한 율법과 선한 율례와 계명을 저희에게 주시고

●(시편 143:10)
주는 나의 하나님이시니 나를 가르쳐 주의 뜻을 행케 하소서 주의
신이 선하시니 나를 공평한 땅에 인도하소서

　위의 말씀은 하나님도 선하시고 예수님도 선하시고 성령님도 선하시고 하나님의 말씀도 선하다는 말씀입니다. 선하신 하나님은 선의 본체이신 분이신데 그 반대인 악한 마귀는 악의 본체입니다. 예수님을 믿는 우리는 선한 하나님과 예수님, 성령님을 닮아서 선을 행하며, 입에서는 선한 말이 나와야 합니다. 그렇지 못하면 마귀를 닮아서 악한 말이 나오는 것입니다. 선은 욕심을 버린 생활이고 악은 욕심을 부리는 생활이므로 우리는 욕심을 버린 선한 신앙생활을 해야 합니다.

　요한일서 말씀을 보겠습니다.

● (요한일서 3:12)
가인같이 하지 말라 저는 악한 자에게 속하여 그 아우를 죽였으니 어찜 연고로 죽였느뇨 자기의 행위는 악하고 그 아우의 행위는 의로움이니라

　인류역사의 최초의 살인자는 가인입니다. 가인은 악한 자에게 속했기 때문에 동생을 죽였으며, 악한 자는 바로 용, 옛 뱀이요 사탄, 마귀입니다. 가인이 동생을 죽인 이유는 욕심을 버리는 생활을 하지 못했기 때문입니다. 욕심의 본체인 마귀를 닮아서 죽이게 되었습니다. 모든 인류 역사의 죽고, 죽이는 것은 땅과 사람, 재물을 위해서였으며, 욕심 때문에 살인한 것입니다.

● (창세기 2:15-17)

15 여호와 하나님이 그 사람을 이끌어 에덴 동산에 두사 그것을 다스리며 지키게 하시고 16 여호와 하나님이 그 사람에게 명하여 가라사대 동산 각종 나무의 실과는 네가 임의로 먹되 17 선악을 알게 하는 나무의 실과는 먹지 말라 네가 먹는 날에는 정녕 죽으리라 하시니라

에덴동산에 아담과 하와는 하나님께서 선하게 만드셨습니다. 아담과 하와가 범죄한 이후로 태어나는 모든 인류는 악하게 태어납니다. 에덴동산은 선한 동산이었습니다. 동산 중앙에는 선악과가 있는데, 이것을 아담과 하와가 따먹으면 죽는다고 하였습니다. 선은 욕심이 없는 것이고, 악은 욕심을 부리는 것이기 때문에 선악과는 욕심을 부리게도 부리지 않게도 할 수 있는 나무였습니다. 뱀의 꾐에 하와는 선악과가 '탐스러운 나무'처럼 보였습니다. 욕심을 부릴 수 있도록 변했습니다. 하나님께서는 욕심을 부리지 말도록 선악과를 따먹지 말라고 하셨는데 선악과를 따먹고서 하나님께 저주를 받았습니다.

● (출애굽기 20:4-5)

4 너를 위하여 새긴 우상을 만들지 말고 또 위로 하늘에 있는 것이나 아래로 땅에 있는 것이나 땅 아래 물 속에 있는 것의 아무 형상이든지 만들지 말며 5 그것들에게 절하지 말며 그것들을 섬기지 말라 나 여호와 너의 하나님은 질투하는 하나님인즉 나를 미워하는 자의 죄를 갚되 아비로부터 아들에게로 삼 사대까지 이르게 하

하나님은 우상을 만들지도 말고, 섬기지 말라고 하셨습니다. 다른 종교에서는 이런 언급을 하지 않습니다. 다른 종교들은 천주교를 포함하여 우상을 만들어 섬기고 있습니다. 우상을 섬기면 하나님께서 용서치 않으십니다. 우상은 욕심을 말하기 때문에 선하신 하나님께서는 절대 반대를 하시는 것입니다. 광야의 이스라엘 백성들이 금송아지 우상을 만들자 모세를 통해서 금송아지 우상을 불살라 가루를 만들어 뿌려 마시게 하였으며 섬긴 자들을 모두 죽이셨습니다(출32:20-28). 욕심 문제를 해결을 해야 욕심이 없으신 선하신 선을 행하시는 선한 아버지 하나님을 닮은 성도가 되어 하나님 계신 천국에 가서 함께 살며, 이 땅 위에서도 영혼이 잘됨같이 범사가 잘되고 강건한 복을 받아 누리게 됩니다.

호세아를 보겠습니다.

● (호세아 4:17-18)
17 에브라임이 우상과 연합하였으니 버려두라 18 저희가 마시기를 다 하고는 행음하기를 마지 아니하며 그 방백들은 수치를 기뻐하느니라

에브라임(북이스라엘)이 앗수르에게 BC 722년에 망했습니다. 망한 근본 원인은 우상을 섬기며 욕심을 버리는 신앙생활을 못

했기 때문입니다. 남 유다도 마찬가지입니다.

열왕기하에도 비슷한 일이 나옵니다.

● (열왕기하 21:11-13)
11 유다 왕 므낫세가 이 가증한 일과 악을 행함이 그 전에 있던 아모리 사람의 행위보다 더욱 심하였고 또 그 우상으로 유다를 범죄케 하였도다 12 그러므로 이스라엘 하나님 여호와가 말하노니 내가 이제 예루살렘과 유다에 재앙을 내리리니 듣는 자마다 두 귀가 울리리라 13 내가 사마리아를 잰 줄과 아합의 집을 다림보던 추로 예루살렘에 베풀고 또 사람이 그릇을 씻어 엎음 같이 예루살렘을 씻어 버릴지라

유다 왕 므낫세가 악을 행하고 우상을 섬겨 바벨론에게 멸망 당하였습니다. 에브라임(북이스라엘)이 망한 사건과 동일하며, 현재의 우리도 욕심을 버리지 못하면 적그리스도에게 잡힌바 되어 둘째 사망 지옥으로 가게 됩니다. 기독교계에서도 욕심을 처리하지 못한 많은 무리들은 천국에 들어가지 못하며 멸망을 당할 수밖에 없습니다. 반드시 욕심을 처리하는 신앙생활을 해야 합니다.

계속해서 말씀을 보겠습니다.

● (마태복음 6:2-4)

2 그러므로 구제할 때에 외식하는 자가 사람에게 영광을 얻으려고 회당과 거리에서 하는것 같이 너희 앞에 나팔을 불지 말라 진실로 너희에게 이르노니 저희는 자기 상을 이미 받았느니라 3 너는 구제할 때에 오른손의 하는 것을 왼손이 모르게 하여 4 네 구제함이 은밀하게 하라 은밀한 중에 보시는 너의 아버지가 갚으시리라

● (고린도전서 13:3)

내가 내게 있는 모든 것으로 구제하고 또 내 몸을 불사르게 내어줄지라도 사랑이 없으면 내게 아무 유익이 없느니라

위의 말씀은 선을 행하는(구제) 것에 사랑이 없으면 유익이 없다는 내용이 기록되어 있습니다. 여기의 사랑이 바로 사랑의 새 계명을 지키는 것을 뜻하며 욕심을 버린 마음을 가지고 구제를 해야 한다는 뜻입니다.

욕심을 버린 마음으로 구제를 하면, 하나님께서 누르고 넘치도록 주시며 천국에 들어 갈 수 있습니다. 하나님께서 원하시는 구제를 해야 천국에 가는 것이지, 자신의 마음에 원하는 대로 가난한 자를 도와주거나, 다른 종교에서 구제를 한다고 해서 천국에 들어갈 수 있는 것이 아닙니다. 진리의 말씀으로 자아와 욕심을 빼면서 주님 보시기에 기뻐하시는 구제를 해야 합니다. 선하신 하나님께서 바라는 선을 행하는 신앙생활을 해야 합니다.

(4) 바울사도가 고린도교회 성도들이 악을 조금도
행치 않고 선을 행하게 중보기도를 했으므로

●(고린도후서 13:7)
우리가 하나님께서 너희로 악을 조금도 행하지 않게 하시기를 구
하노니 이는 우리가 옳은 자임을 나타내고자 함이 아니라 오직 우
리는 버리운 자 같을지라도 너희로 선을 행하게 하고자 함이라

위의 말씀은 악을 조금도 행치 않고 선을 행하라고 했는데 이
것은 욕심을 온전히 다 버리는 신앙생활을 하라고 바울 사도가
중보기도를 한 것입니다. 바울 사도는 성령 충만 받으라고 은혜
복음을 전하면서 또한 신랑이신 예수님을 맞이하는 신부의 복을
받으라고 가르쳤습니다. 이것은 바로 자아와 욕심까지 온전히 버
리고 선을 행하는 신앙생활을 하라는 뜻입니다.

데살로니가전서를 보면 바울사도가 데살로니가 교인들을 위하
여 온전히 거룩하게 하시고 온 영과 혼과 몸을 흠 없이 보전하라
고 중보기도를 했습니다. 이뿐 아니라 여러 군데 바울 사도의 중
보기도가 나옵니다.

●(데살로니가전서 5:23)
평강의 하나님이 친히 너희로 온전히 거룩하게 하시고 또 너희 온
영과 혼과 몸이 우리 주 예수 그리스도 강림하실 때에 흠 없게 보
전되기를 원하노라

갈라디아서에도 기록되어 있습니다.

● (갈라디아서 4:19)
나의 자녀들아 너희 속에 그리스도의 형상이 이루기까지 다시 너를 위하여 해산하는 수고를 하노니

해산하는 수고를 하면서 간절한 마음으로 갈라디아 교회를 위해 중보기도를 했습니다. 그리스도의 형상이 이뤄진, 자아와 욕심을 처리한 성도들이 되어 영생을 얻도록 중보 기도하셨습니다. 바울 사도는 육체적으로 약함이 있어 주님께 고쳐달라는 기도를 세 차례나 했으나 주님께서는 들어주지 않으셨고, 오히려 사역을 하는데 도움이 된다고 하셨습니다. 이런 약점이 있는데도 갈라디아 성도들은 바울 사도를 천사처럼 영접을 하였습니다.

● (갈라디아서 4:13-18)
13 내가 처음에 육체의 약함을 인하여 너희에게 복음을 전한 것을 너희가 아는바라 14 너희를 시험하는 것이 내 육체에 있으되 이것을 너희가 업신여기지도 아니하며 버리지도 아니하고 오직 나를 하나님의 천사와 같이 또는 그리스도 예수와 같이 영접하였도다 15 너희의 복이 지금 어디 있느냐 내가 너희에게 증거하노니 너희가 할 수만 있었더면 너희의 눈이라도 빼어 나를 주었으리라 16 그런즉 내가 너희에게 참된 말을 하므로 원수가 되었느냐 17 저희가 너희를 대하여 열심내는 것이 좋은 뜻이 아니요 오직 너희를 이간 붙여 너희로 저희를 대하여 열심 내게 하려 함이라 18 좋은 일

성도들이 시험에 들 수 있는 바울 사도의 육체의 가시에 대해서 갈라디아 교인들은 시험에 들지 않았고, 천사처럼 받들며 신앙생활을 잘 했습니다. 눈까지 빼어 주려는 마음으로 신앙생활을 했음에도 바울 사도의 전하는 하나님의 참된 말씀으로 목회를 함에 따라 원수가 되었다고 기록되어 있습니다.

17절의 '저희가' 갈라디아 성도들을 이간을 붙여 바울 사도와 멀어지게 하였습니다. 오늘날에도 이 '저희'와 같은 자들을 조심해야 합니다. 시편 1편에 복 있는 사람은 악인, 죄인, 오만한 자와 함께 하지 말라고 하였습니다. 갈라디아 성도들이 천국에 갈 수 없는 신앙생활을 하고 있으니 사도 바울은 갈라디아서 4장에서 천국에 가도록 다시 중보기도를 하며 욕심을 제거하여 선을 행하는 신앙생활을 하도록 해산의 수고를 하고 있습니다.

에베소서에도 에베소 성도들을 위한 바울 사도의 중보기도와 내용이 기록되어 있습니다.

● (에베소서 1:15-19)

15 이를 인하여 주 예수 안에서 너희 믿음과 모든 성도를 향한 사랑을 나도 듣고 16 너희를 인하여 감사하기를 마지아니하고 내가 기도할 때에 너희를 말하노라 17 우리 주 예수 그리스도의 하나님, 영광의 아버지께서 지혜와 계시의 정신을 너희에게 주사 하나

님을 알게 하시고 18 너희 마음눈을 밝히사 그의 부르심의 소망이 무엇이며 성도 안에서 그 기업의 영광의 풍성이 무엇이며 19 그의 힘의 강력으로 역사하심을 따라 믿는 우리에게 베푸신 능력의 지극히 크심이 어떤 것을 너희로 알게 하시기를 구하노라

중보 기도의 내용은 계시의 은사까지 받아 마음의 눈이 열려야 진리의 말씀을 깨달아 알 수 있고, 진리의 말씀을 배울 때 이해를 하며, 마음속에 새겨 영생을 얻을 수 있는 믿음이 생긴다는 말씀입니다.

● (빌립보서 1:9-11)
내가 기도하노라 너희 사랑을 지식과 모든 총명으로 점점 더 풍성하게 하사 10 너희로 지극히 선한 것을 분별하며 또 진실하여 허물 없이 그리스도의 날까지 이르고 11 예수 그리스도로 말미암아 의의 열매가 가득하여 하나님의 영광과 찬송이 되게 하시기를 구하노라

빌립보서에도 빌립보 교인들을 향한 바울 사도의 중보기도가 나와 있습니다. 기도의 핵심은 자아가 죽어 욕심이 처리된 의의 열매가 가득한 알곡 성도가 되자는 것입니다. 천국은 알곡 성도가 가는 곳이며, 바울 사도가 성도들을 향하여 알곡 성도들이 되도록 중보기도를 했습니다.

데살로니가전서를 보겠습니다.

● (데살로니가전서 3:10)
주야로 심히 간구함은 너희 얼굴을 보고 너희 믿음의 부족함을 온전케 하려 함이라

데살로니가 성도들을 위해서 심히 간구하므로 중보기도 하는 바울의 마음은 그들의 믿음이 온전케 하려 기도했습니다. 인류역사의 종말은 가을이며, 예수의 재림 때는 알곡 성도를 맞이하여 천년세계와 하늘나라에 가서 영생의 복을 함께 누리려 하십니다. 이때에 우리 믿는 자들은 믿음의 온전한 자가 되어야 합니다. 그렇기 때문에 바울 사도가 위와 같이 중보기도를 하셨습니다.

고린도후서를 봅시다.

● (고린도후서 5:20-21)
20 이러므로 우리가 그리스도를 대신하여 사신이 되어 하나님이 우리로 너희를 권면하시는 것 같이 그리스도를 대신하여 간구하노니 너희는 하나님과 화목하라 21 하나님이 죄를 알지도 못하신 자로 우리를 대신하여 죄를 삼으신 것은 우리로 하여금 저의 안에서 하나님의 의가 되게 하려 하심이니라

고린도교회 성도들은 성령 충만, 은사 충만한 신앙생활을 하고 있는데도 하나님과 화목하라고 중보기도를 했습니다. 하나님께서는 죄를 알지 못하신 예수님을 세상에 보내어 죄로 삼아 십자가에 못 박아 죽게 하셨습니다. 하나님의 의가 되게 하려 하셨는

데, 자아가 없으신 하나님처럼 우리도 자아가 죽는 자가 되게 하
려 하셨기 때문입니다. 예수님께서 죄가 되신 것은 우리의 자아
를 모두 짊어지셨다는 뜻입니다. 5대 제사에서는 속죄제 제물 되
신 예수님이셨습니다.

이렇게 바울 사도의 목회는 사랑하는 성도들이 자아와 욕심을
처리하여 천국갈 수 있도록 말씀을 가르치고, 기도하며 강론했습
니다. 오늘날에도 하나님의 참된 종은 바울 사도와 같은 목회를
하는 종들 입니다. 하나님의 참된 종들은 구약시대나 신약시대에
이렇게 말씀을 가르치고 기도해야 합니다. 천국 가도록 신앙생활
을 할 때에 하나님께서 의인의 형통의 복을 쏟아 부어 주십니다.
신앙생활을 제대로 하지 못하면서 받는 복인 악인의 형통을 조
금도 부러워할 필요가 없습니다.
　바울 사도의 중보기도 내용처럼 자아와 욕심을 버리고 선을
행하는 신앙생활을 하여 영생의 복을 받으며, 악인의 형통이 아
닌 의인의 형통의 복을 받아 누려야겠습니다.

욕심처리의 단계(6단계)의 요약정리

1. 욕심의 본체와 실체
    ① 외적인 욕심의 본체 : 계명성(사14:12-17), 덮는 그룹
       (겔28:16-17), 마귀(요8:44)
    ② 외적인 욕심의 실체 : 적그리스도(합2:5-8) (계13:2-7)
    ③ 내적인 욕심의 본체 : 내 속에 거하는 죄(롬7:18-21) = 자아
                          마귀(요8:44)

2. 욕심의 정체
    ① 자아에 의해서 생겨난 각종 욕심(막7:21-23)
    ② 성령 충만의 단계에서 자아에 의한 욕심 처리의 단계에
       이르지 못한 야곱의 20년 세월(창32:6-12)
    ③ 성령 충만의 단계에서 자아에 의한 욕심 처리의 단계
       에 이르지 못한 광야교회 성도들의 40년 세월(신29:2-4)
       (고전10:5-6) (민32:10-13)

3. 욕심을 처리하는 비결
    ① 욕심을 버리면서 진리를 항상 배울 것(딤후3:6-7)
    ② 젖의 말씀을 온전히 폐하는 것(창35:8) (엡4:14)
       (히5:12-6:2)

4. 욕심 처리한 성도의 생활
    ① 참고 선을 행하는 성도들에게는 영광과 존귀와 평강과
       영생이 있으므로(롬2:6-10)
    ② 선을 이미 버린 북이스라엘 교회 성도들은 앗수르 나라
       에 멸망당했으므로(호8:3) (왕상12:25-33)
    ③ 선을 행하시는 선한 아버지 하나님을 닮은 성도가 되기
       위하여(대상16:34) (대하7:3) (시100:5)
    ④ 바울 사도가 고린도교회 성도들이 악을 조금도 행치 않
       고 선을 행하게 중보기도 했으므로(고후13:7)

예수 그리스도 닮음

1. 그리스도의 형상 닮음의 단계

물질세계에 여러 가지 형상이 있듯이 영의 세계에도 여러 가지 형상이 있습니다.

(1) 물질세계와 영의 세계의 여러 가지 형상

1-1. 물질세계의 여러 가지 형상

▶ 풀 먹는 소의 형상

● (시편 106:20)

자기 영광을 풀 먹는 소의 형상으로 바꾸었도다

▶ 버러지 형상 (개정개역 성경에서는 "기어 다니는 동물의 형상")

● (로마서 1:23)
썩어지지 아니하는 하나님의 영광을 썩어질 사람과 금수와 버러지 형상의 우상으로 바꾸었느니라

▶ 아무 우상의 형상

● (출애굽기 20:4)
너를 위하여 새긴 우상을 만들지 말고 또 위로 하늘에 있는 것이나 아래로 땅에 있는 것이나 땅 아래 물속에 있는 것의 아무 형상이든지 만들지 말며

● (신명기 5:8)
너는 자기를 위하여 새긴 우상을 만들지 말고 위로 하늘에 있는 것이나 아래로 땅에 있는 것이나 땅 밑 물 속에 있는 것의 아무 형상이든지 만들지 말며

▶ 각도로 새겨 만든 송아지 형상

● (출애굽기 32:4)
아론이 그들의 손에서 그 고리를 받아 부어서 각도로 새겨 송아지 형상을 만드니 그들이 말하되 이스라엘아 이는 너희를 애굽 땅에

▶ 하나님의 형상대로 지음 받은 사람의 형상

● (창세기 1:27)
하나님이 자기 형상 곧 하나님의 형상대로 사람을 창조하시되 남
자와 여자를 창조하시고

● (창세기 5:1)
아담 자손의 계보가 이러하니라 하나님이 사람을 창조하실 때에
하나님의 형상대로 지으시되

위 성경에 나타난 형상과 더불어 사람이 살고 있는 지구와 드
넓은 우주에는 수많은 형상을 가진 존재들이 살고 있습니다. 생
명을 가진 생물과 생명이 없는 무생물의 존재인데 이들이 형상
을 가지고 있습니다.

1-2. 영의 세계의 여러 가지 형상

▶ 번개 같은 천사의 형상

● (마태복음 28:3)
그 형상이 번개 같고 그 옷은 눈같이 희거늘

▶ 사람 같은 네 생물의 형상

● (에스겔 1:5-6)

5 그 속에서 네 생물의 형상이 나타나는데 그 모양이 이러하니 사람의 형상이라 6 각각 네 얼굴과 네 날개가 있고

▶ 네 생물의 바퀴의 형상

● (에스겔 1:15-16)

15 내가 그 생물을 본즉 그 생물 곁 땅 위에 바퀴가 있는데 그 네 얼굴을 따라 하나씩 있고 16 그 바퀴의 형상과 그 구조는 넷이 한 결 같은데 황옥 같고 그 형상과 구조는 바퀴 안에 바퀴가 있는 것 같으며

▶ 서 있는 그 영의 형상

● (욥기 4:16)

그 영이 서는데 그 형상을 분변치는 못하여도 오직 한 형상이 내 눈 앞에 있었느니라 그 때 내가 종용한 중에 목소리를 들으니 이르기를

▶ 궁창에 나타난 남보석 같은 보좌 형상

● (에스겔 10:1)

이에 내가 보니 그룹들 머리 위 궁창에 남보석 같은 것이 나타나는

▶ 여호와 하나님의 형상

● (민수기 12:8)
그와는 내가 대면하여 명백히 말하고 은밀한 말로 아니하며 그는
또 여호와의 형상을 보겠거늘 너희가 어찌하여 내 종 모세 비방하
기를 두려워 아니하느냐

위 말씀은 육의 눈으로 도저히 볼 수 없는 영의 세계의 여러
가지 형상들입니다. 물질세계에 다양한 형상이 있듯이 영의 세계
에도 마찬가지입니다.

(2) 하나님의 형상이신 그리스도

육의 세계와 영의 세계의 여러 가지 형상을 만드신 분은 형상
이 있으신 하나님이시며 그리스도는 그 하나님의 형상을 닮으신
분이십니다.

● (고린도후서 4:4)
그 중에 이 세상 신이 믿지 아니하는 자들의 마음을 혼미케 하여
그리스도의 영광의 복음의 광채가 비취지 못하게 함이니 그리스도
는 하나님의 형상이니라

●(골로새서 1:15)

그는 보이지 아니하시는 하나님의 형상이요 모든 창조물보다 먼저
나신 자니

●(히브리서 1:3)

이는 하나님의 영광의 광채시요 그 본체의 형상이시라 그의 능력
의 말씀으로 만물을 붙드시며 죄를 정결케 하는 일을 하시고 높은
곳에 계신 위엄의 우편에 앉으셨느니라

(3) 그리스도의 형상을 닮은 성도

신앙의 7단계에 이르려면 우리의 믿음의 主(本體)(히12:2)이
신 예수 그리스도를 믿어서 그리스도의 형상을 닮은 신앙 차원
에 이르러야 합니다.

왜 그리스도의 형상을 닮아야 하는지 그 이유를 성경을 통해
서 알아봅시다.

1-1. 하나님께서 그리스도의 형상을 닮게 하시려고
택정하셨으므로

●(로마서 8:29)

하나님이 미리 아신 자들로 또한 그 아들의 형상을 본받게 하기 위

하여 미리 정하셨으니 이는 그로 많은 형제 중에서 맏아들이 되게 하려 하심이니라

● (에베소서 1:3-6)
3 찬송하리로다 하나님 곧 우리 주 예수 그리스도의 아버지께서 그리스도 안에서 하늘에 속한 모든 신령한 복으로 우리에게 복주시되 4 곧 창세전에 그리스도 안에서 우리를 택하사 우리로 사랑 안에서 그 앞에 거룩하고 흠이 없게 하시려고 5 그 기쁘신 뜻대로 우리를 예정하사 예수 그리스도로 말미암아 자기의 아들들이 되게 하셨으니 6 이는 그의 사랑하시는 자 안에서 우리에게 거저 주시는 바 그의 은혜의 영광을 찬미하게 하려는 것이라

하나님께서는 예수님을 믿어 영생의 복 받을 신앙의 사람을 모태로부터 택정하시는 것입니다. 이들은 그리스도의 형상을 본받아 거룩하고 흠 없는 신앙생활을 하여 영생의 복을 누리게 되는 것입니다.

1-2. 바울 사도가 갈라디아 성도들이 그리스도의 형상이 이루기까지 해산의 수고를 했으므로

● (갈라디아서 4:19)
나의 자녀들아 너희 속에 그리스도의 형상이 이루기까지 다시 너희를 위하여 해산하는 수고를 하노니

시력이 좋지 않은 바울 사도를 위해서 눈까지 빼어 주려고 했던 복 받을 신앙생활 하던 갈라디아 성도들이 악한 종들의 미혹을 받아 바울 사도와 원수가 되는 신앙으로 전락 했습니다. 그래서 바울 사도는 갈라디아교회 성도들이 그리스도의 형상이 이루어지기까지 다시 해산의 수고를 했던 것입니다.

1-3. 바울 사도가 에베소교회 성도들에게 그리스도께서 계시도록 중보기도 했으므로

● (에베소서 3:17)
믿음으로 말미암아 그리스도께서 너희 마음에 계시게 하옵시고 너희가 사랑 가운데서 뿌리가 박히고 터가 굳어져서

바울 사도가 에베소교회 성도들의 믿음으로 말미암아 마음에 그리스도께서 계시게 중보 한 것은 그리스도의 형상을 닮은 신앙의 사람이 되라는 말씀인 것입니다.

1-4. 바울 사도가 빌립보교회 성도들에게 겸손한 예수 그리스도의 마음을 품으라고 했으므로

● (빌립보서 2:5)
너희 안에 이 마음을 품으라 곧 그리스도 예수의 마음이니

바울 사도가 빌립보교회 성도들에게 예수 그리스도의 마음을

품으로라고 한 것은 그리스도의 형상을 닮은 신앙의 사람이 되라
는 말씀인 것입니다.

1-5. 예수 그리스도께서 성도들에게 온유하고 겸손한
내 마음을 닮으라고 하셨으므로

● (마태복음 11:28-29)
28 수고하고 무거운 짐 진 자들아 다 내게로 오라 내가 너희를 쉬
게 하리라 29 나는 마음이 온유하고 겸손하니 나의 멍에를 메고
내게 배우라 그러면 너희 마음이 쉼을 얻으리니

예수 그리스도께서 수고하고 무거운 짐 진 자들에게로 와서
온유하고 겸손한 내 마음을 배우라고 하신 말씀은 성도들에게
그리스도의 형상을 닮으라는 말씀인 것입니다.

2. 예수 그리스도의 모양 닮음의 단계

(1) 예수 그리스도의 모양의 의미

1-1. 하나님의 형상과 모양대로 지음 받은 아담의 표상으로 오신
예수 그리스도는 하나님의 형상과 모양이신 분이심

● (창세기 1:26)

하나님이 가라사대 우리의 형상을 따라 우리의 모양대로 우리가 사람을 만들고 그로 바다의 고기와 공중의 새와 육축과 온 땅과 땅에 기는 모든 것을 다스리게 하자 하시고

● (로마서 5:14)

그러나 아담으로부터 모세까지 아담의 범죄와 같은 죄를 짓지 아니한 자들 위에도 사망이 왕 노릇 하였나니 아담은 오실 자의 표상이라

위 창세기 말씀에서 보면 형상과 모양이 나옵니다. 이것은 형상과 모양이 구분된다는 뜻입니다. 형상은 영적인 면, 신앙적인 면, 믿음적인 면, 마음속의 내적인 면을 뜻합니다. 모양은 하나님의 외적인 면을 뜻합니다. 행위면, 생활면, 행함의 측면을 뜻합니다. 아담을 만들 때 하나님의 형상과 모양을 닮게 만드셨습니다. 이 아담은 오실자의 표상인 예수 그리스도입니다. 따라서 아담의 후손인 우리도 마땅히 예수 그리스도의 형상과 모양을 닮아야 합니다.

믿음이 없는데 행함만 있다고 해서 천국에 가는 것이 아니요 반면에 믿음은 있는데 행함이 없으면 또한 천국에 갈 수가 없습니다. 예수님의 온유하고 겸손한 마음과 이른비 성령, 늦은비 성령 일곱영의 성령으로 진리의 말씀까지 충만하여 자아와 욕심을 버린 생활 곧 예수 그리스도의 모양을 닮은 생활을 해야 하는 것입니다.

1-2. 육신의 모양으로 오셔서 율법의 요구를 이루신 예수 그리스도의 외적인 면, 곧 생활(행함)

● (마태복음 5:17)
내가 율법이나 선지자나 폐하러 온 줄로 생각지 말라 폐하러 온 것
이 아니요 완전케 하려 함이로다

● (로마서 8:3-4)
3 율법이 육신으로 말미암아 연약하여 할 수 없는 그것을 하나님
은 하시나니 곧 죄를 인하여 자기 아들을 죄 있는 육신의 모양으로
보내어 육신에 죄를 정하사 4 육신을 좇지 않고 그 영을 좇아 행하
는 우리에게 율법의 요구를 이루어지게 하려 하심이니라

위의 말씀에서 우리에게 사랑의 새계명을 지키는 신앙생활을
하여 영생의 복을 받게 하시려고 예수 그리스도께서는 죄 있는
육신의 모양으로 오셔서 십자가에 죽으심으로 위로는 하나님 사
랑, 아래로는 이웃사랑을 실천하여 친히 사랑의 새계명을 지켜
행하는 생활을 하셨습니다.

그러므로 우리도 죄 있는 육신의 모양으로 오신 예수 그리스
도처럼 사랑의 새계명을 지켜 행하는 예수 그리스도의 모양을
닮아야 합니다.

(2) 예수 그리스도의 모양 닮은 성도가 될 것

구체적으로 성경을 통해서 봅시다.

2-1. 예수 그리스도의 모양 닮은 죽기까지 순종하는
신앙생활 하는 신앙의 사람이 될 것

● (히브리서 5:7-9)

7 그는 육체에 계실 때에 자기를 죽음에서 능히 구원하실 이에게 심한 통곡과 눈물로 간구와 소원을 올렸고 그의 경외하심을 인하여 들으심을 얻었느니라 8 그가 아들이시라도 받으신 고난으로 순종함을 배워서 9 온전하게 되었은즉 자기를 순종하는 모든 자에게 영원한 구원의 근원이 되시고

세상을 사랑하사 겟세마네 동산에서 심한 통곡과 눈물로 3차례나 힘써 애써 피땀 흘리는 기도인 간구를 하시고 십자가에 죽기까지 하나님께 순종하신 예수 그리스도의 모양을 닮아서 우리도 죽기까지 순종하는 신앙생활 하는 신앙의 사람이 되어야 합니다.

2-2. 예수 그리스도의 모양 닮은 죽기까지 복종하는
신앙생활 하는 신앙의 사람이 될 것

● (빌립보서 2:6-10)

6 그는 근본 하나님의 본체시나 하나님과 동등됨을 취할 것으로

여기지 아니하시고 7 오히려 자기를 비어 종의 형체를 가져 사람들과 같이 되었고 8 사람의 모양으로 나타나셨으매 자기를 낮추시고 죽기까지 복종하셨으니 곧 십자가에 죽으심이라 9 이러므로 하나님이 그를 지극히 높여 모든 이름 위에 뛰어난 이름을 주사 10 하늘에 있는 자들과 땅에 있는 자들과 땅 아래 있는 자들로 모든 무릎을 예수의 이름에 꿇게 하시고

순종은 하고 싶을 때 하는 것이고, 복종은 하기 싫을 때도 하는 것이 복종입니다. 예수님께서 십자가에 돌아가시기 전에 세 번이나 피땀을 흘리는 기도를 하시며, 세 번째 기도할 때 천사가 와서 새 힘을 줘서 십자가에 돌아가신 사건이 있습니다. 예수님의 십자가에 돌아가신 사건은 예수님께서 순종과 복종을 함께 했던 것입니다. 우리가 신앙생활을 할 때 실천하고 싶지 않은 순간들이 있습니다. 이런 상황에서도 하나님의 말씀대로 복종하며 예수님의 모양을 온전히 닮은 신앙의 사람이 되어야 합니다.

아나니아, 삽비라 부부는 성령 충만을 받았지만 예수님의 모양을 온전히 닮지 못해 재산을 조금 감춰두고 바치다가 죽었습니다(행5:1-8). 아나니아와 삽비라의 시신을 싸서 메어나가 장사한 것은 예수 그리스도의 모양을 닮지 않는 신앙생활 하는 신앙의 사람은 둘째 사망 곧 유황 불 못에 들어간다는 진리를 보여준 말씀인 것입니다.

● (사도행전 5:5-6)
5 아나니아가 이 말을 듣고 엎드러져 혼이 떠나니 이 일을 듣는 사

람이 다 크게 두려워하더라 6 젊은 사람들이 일어나 시신을 싸서 메고 나가 장사하니라

● (사도행전 5:10-11)
10 곧 베드로의 발 앞에 엎드러져 혼이 떠나는지라 젊은 사람들이 들어와 죽은 것을 보고 메어다가 그 남편 곁에 장사하니 11 온 교회와 이 일을 듣는 사람들이 다 크게 두려워하니라

2-3. 예수 그리스도를 위하여 받는 핍박을 기뻐하며 즐거워하는 신앙생활 하는 신앙의 사람이 될 것

● (마태복음 5:10-13)
10 의를 위하여 핍박을 받은 자는 복이 있나니 천국이 저희 것임이라 11 나를 인하여 너희를 욕하고 핍박하고 거짓으로 너희를 거스려 모든 악한 말을 할 때에는 너희에게 복이 있나니 12 기뻐하고 즐거워하라 하늘에서 너희의 상이 큼이라 너희 전에 있던 선지자들을 이같이 핍박하였느니라 13 너희는 세상의 소금이니 소금이 만일 그 맛을 잃으면 무엇으로 짜게 하리요 후에는 아무 쓸데없어 다만 밖에 버리워 사람에게 밟힐 뿐이니라

위의 말씀에서 의는 자아와 욕심이 없으신 예수님을 의미합니다. 그래서 자아와 욕심이 없으신 생활을 하시며 주의 일을 하신 예수님은 핍박을 많이 받으셨습니다. 이런 예수님을 닮아 예수님을 위해서 핍박을 받는 신앙생활을 하는 신앙의 사람은 천국에

간다는 뜻입니다. 예수님으로 인하여 욕을 먹고, 핍박을 받더라도 기뻐하고 즐거워하라고 하셨는데 그 이유는 다음의 13가지입니다.

① 하늘에서 상이 크므로

● (마태복음 5:12상)
기뻐하고 즐거워하라 하늘에서 너희의 상이 큼이라

② 전에 있던 선지자들을 핍박했으므로

● (마태복음 5:12하)
너희 전에 있던 선지자들을 이같이 핍박하였느니라

구약의 많은 참 선지자들이 핍박을 받았습니다.(히브리서 11장)에도 기록되어 있습니다.

③ 예수 그리스도와 복음을 위하여 모든 것을 버린 자는 금세에서 백배나 받고 핍박을 겸하여 받고 내세에서 영생을 받게 되므로

● (마가복음 10:29-31)
29 예수께서 가라사대 내가 진실로 너희에게 이르노니 나와 및 복음을 위하여 집이나 형제나 자매나 어미나 아비나 자식이나 전토

를 버린 자는 30 금세에 있어 집과 형제와 자매와 모친과 자식과
전토를 백 배나 받되 핍박을 겸하여 받고 내세에 영생을 받지 못할
자가 없느니라 31 그러나 먼저 된 자로서 나중 되고 나중 된 자로
서 먼저 될 자가 많으니라

위 말씀에서 예수 그리스도의 복음을 위해서 모든 것을 버린
자는 핍박을 받게 된다고 기록했습니다. 복음은 예수님이 전하신
천국복음(마4:23), 오순절 이후에 전한 은혜복음(행20:24), 환난
시대에 전하는 영원한 복음(계14:6)이 있습니다.

복음의 주체는 예수님이시지만 시대마다 복음을 전하는 내용
이 다르게 되어있기 때문에, 마태복음 24장 45절에서도 때를 따
라 양식을 나눠주는 종이 지혜롭고 충성된 종이라고 했으며 술
친구들로 더불어 술만 먹는 종을 악한종이라고 했습니다.

지금은 영원한 복음으로 무장하는 시대가 되었기에 일곱 영의
계시로 열린 가감하지 않는 요한계시록 말씀으로 무장을 해야
합니다. 예수 그리스도와 영원한 복음 운동을 위해서 모든 것을
버리는 자는 시간, 몸, 재능, 정성, 물질을 드려 충성을 다하는 자
를 뜻합니다. 그러면 이 세상에서 100배를 받으며 핍박도 겸하여
받는다고 했지만 반드시 천국에서 영생을 받는다고 기록해 놓으
셨습니다.

④ 선지자와 사도들을 보내면 핍박 하리라고 말씀하셨으므로

● (누가복음 11:49-52)

49 이러므로 하나님의 지혜가 일렀으되 내가 선지자와 사도들을 저희에게 보내리니 그 중에 더러는 죽이며 또 핍박하리라 하였으니 50 창세 이후로 흘린 모든 선지자의 피를 이 세대가 담당하되 51 곧 아벨의 피로부터 제단과 성전 사이에서 죽임을 당한 사가랴의 피까지 하리라 내가 너희에게 이르노니 과연 이 세대가 담당하리라 52 화 있을진저 너희 율법사여 너희가 지식의 열쇠를 가져가고 너희도 들어가지 않고 또 들어가고자 하는 자도 막았느니라 하시니라

위 말씀에 기록된 선지자와 사도들은 하나님께서 특별히 함께 하시고, 이들을 통해서 이 땅위의 영생 얻는 하나님의 뜻을 이룩하는데 선하게 쓰는 종들입니다. 이런 하나님이 사랑하는 종들도 죽임을 당하고 핍박을 받는다고 하셨습니다.

⑤ 예수 그리스도께서 핍박을 받으셨으므로

● (요한복음 5:16)

그러므로 안식일에 이러한 일을 행하신다 하여 유대인들이 예수를 핍박하게 된지라

● (요한복음 15:20)

내가 너희더러 종이 주인보다 더 크지 못하다 한 말을 기억하라 사람들이 나를 핍박하였은즉 너희도 핍박할 터이요 내 말을 지켰은

두 말 할 것도 없이 의로우신 예수 그리스도께서 십자가에 죽기까지 핍박을 당하셨습니다.

⑥ 성령을 거스려 선지자들을 핍박하고 의인을 죽였으므로

● (사도행전 7:51-53)

51 목이 곧고 마음과 귀에 할례를 받지 못한 사람들아 너희가 항상 성령을 거스려 너희 조상과 같이 너희도 하는도다 52 너희 조상들은 선지자 중에 누구를 핍박지 아니하였느냐 의인이 오시리라 예고한 자들을 저희가 죽였고 이제 너희는 그 의인을 잡아 준 자요 살인한 자가 되나니 53 너희가 천사의 전한 율법을 받고도 지키지 아니하였도다 하니라

스데반이 유대인들을 향하여 책망의 설교를 합니다. 유대인 조상들도 참 선지자를 핍박했고 또 다시 의인된 예수님까지 죽이는 살인자가 되었다고 하니까 회개는커녕 분이 난 유대인들이 스데반을 돌로 쳐 죽이는 끔찍한 죄를 저질렀습니다.

⑦ 핍박을 받아도 버린바 되지 아니하므로

● (고린도후서 4:8-9)

8 우리가 사방으로 우겨쌈을 당하여도 싸이지 아니하며 답답한 일

을 당하여도 낙심하지 아니하며 9 핍박을 받아도 버린 바 되지 아

니하며 거꾸러뜨림을 당하여도 망하지 아니하고

⑧ 어떤 핍박도 우리를 그리스도의 사랑에서 끊을 수가 없으

　　므로

● (로마서 8:35)

누가 우리를 그리스도의 사랑에서 끊으리요 환난이나 곤고나 핍박

이나 기근이나 적신이나 위험이나 칼이랴

⑨ 바울사도가 모든 핍박과 환난 중에서 인내하고 믿음을 지킨

　　데살로니가 성도들을 하나님의 여러 교회에서 자랑했으므로

● (데살로니가후서 1:4)

그리고 너희의 참는 모든 핍박과 환난 중에서 너희 인내와 믿음을

인하여 하나님의 여러 교회에서 우리가 친히 자랑함이라

데살로니가 교인들은 모든 핍박을 받았습니다. 이런 가운데서

도 인내하고 믿음을 지켰습니다. 바울 사도가 가르친 오직 예수

와 은혜 복음을 믿는 믿음을 굳게 지켰습니다. 선교사인 바울 사

도가 이런 데살로니가 교인들을 다른 여러 교회에서 자랑했습니

다. 인내와 굳은 믿음을 자랑한 내용입니다.

⑩ 예수 그리스도 안에서 경건하게 살고자 하는 자는 핍박을

받게 되므로

● (디모데후서 3:12)
무릇 그리스도 예수 안에서 경건하게 살고자 하는 자는 핍박을 받
으리라

⑪ 하나님께서 극심한 환난과 고난과 핍박 중에서도 바울사도
를 건져 주셨으므로

● (디모데후서 3:10-11)
10 나의 교훈과 행실과 의향과 믿음과 오래 참음과 사랑과 인내와
11 핍박과 고난과 또한 안디옥과 이고니온과 루스드라에서 당한
일과 어떠한 핍박받은 것을 네가 과연 보고 알았거니와 주께서 이
모든 것 가운데서 나를 건지셨느니라

⑫ 이 동네에서 핍박하면 저 동네로 피하면 될 것이므로

● (마태복음 10:23)
이 동네에서 너희를 핍박하거든 저 동네로 피하라 내가 진실로 너
희에게 이르노니 이스라엘의 모든 동네를 다 다니지 못하여서 인
자가 오리라

⑬ 해를 입은 교회를 핍박하면 땅이 도와 핍박을 면케 할 것이
므로

● (요한계시록 12:13-17)

13 용이 자기가 땅으로 내어쫓긴 것을 보고 남자를 낳은 여자를 핍박하는지라 14 그 여자가 큰 독수리의 두 날개를 받아 광야 자기 곳으로 날아가 거기서 그 뱀의 낯을 피하여 한 때와 두 때와 반 때를 양육받으매 15 여자의 뒤에서 뱀이 그 입으로 물을 강같이 토하여 여자를 물에 떠내려가게 하려 하되 16 땅이 여자를 도와 그 입을 벌려 용의 입에서 토한 강물을 삼키니 17 용이 여자에게 분노하여 돌아가서 그 여자의 남은 자손 곧 하나님의 계명을 지키며 예수의 증거를 가진 자들로 더불어 싸우려고 바다 모래 위에 섰더라

요한계시록 2장에 나오는 서머나 교회의 역사적 기록을 보면 얼마나 많은 환난을 당했으면 목 베임과 불 고문, 살육하는 칼날이 무뎌지고, 집행자들도 지쳐서 쉬었다고 합니다. 서머나 교회뿐만 아니라 기독교 역사를 보면 많은 주의 종, 성도들이 핍박을 받았습니다. 예수님을 믿고 따르는 신앙생활을 할 때에 악한 자들이 수많은 모략과 괴롭힘, 핍박에도 흔들리지 말고 주님을 바라보는 신앙생활을 해야 합니다. 이런 신앙이 영생을 얻으며, 하늘나라에 갈 수 있습니다.

마지막 13번을 보면 환난시대에 해를 입은 교회는 핍박을 받는다고 했습니다. 8단계의 신앙을 갖고 신앙생활을 하면 악한 무리들이 핍박을 하게 됩니다. 그럼에도 불구하고 영생의 복을 받기 위해서는 8단계의 신앙을 가지고 생활을 해야만 합니다.

2-4. 세상에 소금인 생활하는 신앙의 사람이 될 것

● (마태복음 5:13)
너희는 세상의 소금이니 소금이 만일 그 맛을 잃으면 무엇으로 짜게 하리요 후에는 아무 쓸데없어 다만 밖에 버리워 사람에게 밟힐 뿐이니라

믿는 성도를 소금과 같다고 하지 않고 소금이라고 했습니다. 음식의 기본이 되는 소금이 되었다는 것은 마가복음에도 나와 있습니다.

● (마가복음 9:50)
소금은 좋은 것이로되 만일 소금이 그 맛을 잃으면 무엇으로 이를 짜게 하리요 너희 속에 소금을 두고 서로 화목하라 하시니라

'너희 속에'는 몸속, 마음속이라는 뜻이며 소금을 두라는 것은 성령을 두라는 것입니다. 이것은 또한 누가복음에도 나와 있습니다.

● (누가복음 11:9-13)
9 내가 또 너희에게 이르노니 구하라 그러면 너희에게 주실 것이요 찾으라 그러면 찾을 것이요 문을 두드리라 그러면 너희에게 열릴 것이니 10 구하는 이마다 받을 것이요 찾는 이가 찾을 것이요 두드리는 이에게 열릴 것이니라 11 너희 중에 아비 된 자 누가 아

13절의 좋은 것은 성령이라고 기록되어 있으며, 이것이 바로 소금입니다. 우리는 성령을 마음속에 받아서 화목하게 신앙생활을 하라는 것이 '너희는 세상의 소금이니'의 해석입니다. 이렇게 우리가 성령을 받은 다음에는 화목해야 합니다. 성령을 받았다고 해서 모든 사람이 화목 하는 생활을 하지는 않습니다. 다른 많은 말씀들에도 예수님께서 십자가에 죽으신 것은 인간들이 하나님과 화목하게 하고, 성도들끼리 화목하게 하시려고 예수님께서 화목제물로 십자가에 죽으신 것이라고 나와 있습니다.

하나님과의 화목과 사람과의 화목은 기도 많이 하고, 기도를 하면 하나님과 화목했다고 할 수 있습니다. 그러나 문제는 사람과의 화목입니다. 우리 기독교는 십자가의 종교입니다. 위로 하나님을 사랑하며, 네 이웃을 네 몸과 같이 사랑하는 사랑의 종교입니다. 예수님의 십자가 사건은 우리 죄를 위해 죽으셨을 뿐만 아니라 화목제물로 죽으셨음을 알아야 합니다.

(엡2:15-16), (골1:20-21), (고후5:17-19)을 다시 봅시다.

● (에베소서 2:15-16)

시고 16 또 십자가로 이 둘을 한 몸으로 하나님과 화목하게 하려
하심이라 원수된 것을 십자가로 소멸하시고

● (골로새서 1:20-21)
20 그의 십자가의 피로 화평을 이루사 만물 곧 땅에 있는 것들이
나 하늘에 있는 것들을 그로 말미암아 자기와 화목케 되기를 기뻐
하심이라 21 전에 악한 행실로 멀리 떠나 마음으로 원수가 되었던
너희를

● (고린도후서 5:17-19)
17 그런즉 누구든지 그리스도 안에 있으면 새로운 피조물이라 이
전 것은 지나갔으니 보라 새것이 되었도다 18 모든 것이 하나님께
로 났나니 저가 그리스도로 말미암아 우리를 자기와 화목하게 하
시고 또 우리에게 화목하게 하는 직책을 주셨으니 19 이는 하나님
께서 그리스도 안에 계시사 세상을 자기와 화목하게 하시며 저희
의 죄를 저희에게 돌리지 아니하시고 화목하게 하는 말씀을 우리
에게 부탁하셨느니라

예수님 십자가의 사건은 사람을 포함한 만물까지 하나님과 화
목하고, 성도들로 더불어 화목한 생활을 하라고 죽으셨습니다.
십자가에 돌아가신 예수님은 우리 죄를 사하시려 죽으셨을 뿐
아니라 화목케 하시려고 죽으신 것입니다. 이런 이유 때문에 우
리 성도들은 하나님과 화목하며, 성도들 간에 화목해야 되는 것
입니다. 이것은 중요한 진리입니다. 오늘날 우리가 살고 있는 시

대가 요한계시록의 일곱 교회 중 라오디게아 교회 시대와 같이 악한 시대이며, 성령과 말씀 위주의 신앙생활을 하지 못하고 있습니다. "너희는 세상의 소금이니"라고 하신 말씀처럼 화목한 신앙생활을 해야 합니다.

잠언에서도 성도끼리 화목하는 것이 얼마나 중요한지를 기록해 놓았습니다.

● (잠언 17:1)
마른 떡 한 조각만 있고도 화목하는 것이 육선이 집에 가득하고 다투는 것보다 나으니라

마태복음에서도 교회 안에서 형제, 자매와 화목할 것을 기록해 놓았습니다. 화목 하는 것도 신앙 밖이나 이단의 무리들과 하는 것이 아닌 믿음 안의 형제, 자매와 먼저 화목해야 하는 것입니다. 한 교회에서 신앙 생활하는 성도들은 더욱 화목함에 힘써야 합니다.

● (마태복음 5:23-24)
23 그러므로 예물을 제단에 드리다가 거기서 네 형제에게 원망 들을만한 일이 있는줄 생각나거든 24 예물을 제단 앞에 두고 먼저 가서 형제와 화목하고 그 후에 와서 예물을 드리라

2-5. 세상에 빛인 생활하는 신앙의 사람이 될 것

① 착한 행실이요

● (마태복음 5:14-16)
14 너희는 세상의 빛이라 산 위에 있는 동네가 숨기우지 못할 것이요 15 사람이 등불을 켜서 말 아래 두지 아니하고 등경 위에 두나니 이러므로 집안 모든 사람에게 비취느니라 16 이같이 너희 빛을 사람 앞에 비취게 하여 저희로 너희 착한 행실을 보고 하늘에 계신 너희 아버지께 영광을 돌리게 하라

위의 말씀은 성도들에게 "너희는 세상의 빛"이라고 기록했습니다. 시편 119편 105절에는 주의 말씀이 빛이라고도 했습니다. 성도들에게 빛된 생활 곧 하나님 말씀대로 착하게 행하라는 말씀입니다.

② 착하고 의롭고 진실한 생활이요

● (에베소서 5:8-9)
8 너희가 전에는 어두움이더니 이제는 주 안에서 빛이라 빛의 자녀들처럼 행하라 9 빛의 열매는 모든 착함과 의로움과 진실함에 있느니라

바울 사도는 에베소 성도들에게 모든 착함과 의로움과 진실하

게 하나님의 말씀대로 행하면 빛의 열매가 된다고 했습니다. 이 말씀은 알곡 성도가 천국에 들어가서 누리게 되는 복은 빛의 열매가 된 성도들의 몫이라는 뜻입니다.

③ 흠 없는 생활임

●(빌립보서 2:15)
이는 너희가 흠이 없고 순전하여 어그러지고 거스리는 세대 가운데서 하나님의 흠 없는 자녀로 세상에서 그들 가운데 빛들로 나타내며

바울 사도는 에베소 성도들에게 빛의 자녀들처럼 행하라고 말씀했는데 빌립보 성도들에게는 세상의 빛으로 흠이 없는 생활을 할 것을 말씀하셨습니다. 흠없는 생활은 자아가 죽어진 생활을 하라는 뜻입니다. 자아가 죽어진 생활로 말미암아 욕심을 버리는 생활을 하게 됩니다.

2-6. 사랑의 새계명을 지켜 생활하는 신앙의 사람이 될 것

●(마태복음 5:17)
내가 율법이나 선지자나 폐하러 온 줄로 생각지 말라 폐하러 온 것이 아니요 완전케 하려 함이로다

위 말씀에서 '율법이나 선지자나'는 구약 전체 즉 율법을 의미

합니다. 율법의 핵심은 누가복음 10장 25절부터 27절의 사랑의 새계명이라고 설명하고 있습니다. 예수 그리스도께서 이 세상에 오신 목적은 율법을 폐하려고 온 것이 아니라 완전케 하려고 오셨다고 하셨는데 이 말씀은 바로 사랑의 새계명의 완성을 의미합니다. 그래서 예수 그리스도께서 십자가로 사랑의 새계명을 완성하셨습니다. 따라서 우리도 사랑의 새계명을 지키는 생활을 해야 합니다.

2-7. 성경말씀 위주로 생활하는 신앙의 사람이 될 것

● (마태복음 5:18-19)
18 진실로 너희에게 이르노니 천지가 없어지기 전에는 율법의 일점 일획이라도 반드시 없어지지 아니하고 다 이루리라 19 그러므로 누구든지 이 계명 중에 지극히 작은 것 하나라도 버리고 또 그 같이 사람을 가르치는 자는 천국에서 지극히 작다 일컬음을 받을 것이요 누구든지 이를 행하며 가르치는 자는 천국에서 크다 일컬음을 받으리라
위 말씀은 성경은 영원불변의 절대 진리임을 뜻합니다.

● (디모데후서 3:13-17)
13 악한 사람들과 속이는 자들은 더욱 악하여져서 속이기도 하고 속기도 하나니 14 그러나 너는 배우고 확신한 일에 거하라 네가 뉘게서 배운 것을 알며 15 또 네가 어려서부터 성경을 알았나니 성경은 능히 너로 하여금 그리스도 예수 안에 있는 믿음으로 말

미암아 구원에 이르는 지혜가 있게 하느니라 16 모든 성경은 하나
님의 감동으로 된 것으로 교훈과 책망과 바르게 함과 의로 교육하
기에 유익하니 17 이는 하나님의 사람으로 온전케 하며 모든 선한
일을 행하기에 온전케 하려 함이니라

위의 말씀중 특히 디모데후서에는 "하나님이 사람으로 온전케
하며 모든 선한 일을 행하기에 온전케 하려 함이니라"고 했는데
성경 말씀이야 말로 온전한 알곡이 되도록 하기 때문에 반드시
성경말씀 위주의 신앙생활을 해야 합니다

예수 그리스도 닮음의 단계(7단계)의 요약정리

1. 그리스도 형상 닮음의 단계

(1) 물질세계와 영의 세계의 여러 가지 형상

  1) 물질세계의 여러 가지 형상
    ① 풀 먹는 소의 형상(시106:20)
    ② 버러지 형상(롬1:23)
    ③ 아무 우상의 형상(출20:4) (신5:8)
    ④ 각도로 새겨 만든 송아지 형상(출32:4)
    ⑤ 하나님의 형상대로 지음 받은 사람의 형상(창1:27)
      (창5:1)
  2) 영의 세계의 여러 가지 형상
    ① 번개 같은 천사의 형상(마28:3)
    ② 사람 같은 네 생물의 형상(겔1:5-6)
    ③ 네 생물의 바퀴의 형상(겔1:15-16)
    ④ 서있는 그 영의 형상(욥4:16)
    ⑤ 궁창에 나타난 남보석 같은 보좌 형상(겔10:1)
    ⑥ 여호와 하나님의 형상(민12:8)

(2) 하나님의 형상이신 그리스도(고후4:4) (골1:15) (히1:3)

(3) 그리스도의 형상을 닮은 성도
    ① 하나님께서 그리스도의 형상을 닮게 하시려고 택정하셨
      으므로(롬8:29) (엡1:3-6)
    ② 바울 사도가 갈라디아 성도들이 그리스도의 형상이 이루
      기까지 해산의 수고를 했으므로(갈4:19)
    ③ 바울 사도가 에베소교회 성도들에게 그리스도께서 계시
      도록 중보기도 했으므로(엡3:17)

④ 바울 사도가 빌립보교회 성도들에게 겸손한 예수그리스
도의 마음을 품으라고 했으므로(빌2:5)
⑤ 예수그리스도께서 성도들에게 온유하고 겸손한 내 마음
을 닮으라고 하셨으므로(마11:28-29)

2. 예수 그리스도의 모양 닮음의 단계

(1) 예수 그리스도의 모양의 의미
① 하나님의 형상과 모양대로 지음 받은 아담의 표상으로
오신 예수 그리스도는 하나님의 형상과 모양이신 분이심
(창1:26) (롬5:14)
② 육신의 모양으로 오셔서 율법의 요구를 이루신 예수그리
스도의 외적인 면, 곧 생활(행함)(마5:17) (롬8:3-4)

(2) 예수 그리스도의 모양 닮은 성도가 될 것

1) 예수 그리스도의 모양 닮은 죽기까지 순종하는 신앙생활
하는 신앙의 사람이 될 것(히5:7-9)
2) 예수 그리스도의 모양 닮은 죽기까지 복종하는 신앙생활
하는 신앙의 사람이 될 것(빌2:6-10)
3) 예수 그리스도를 위하여 받는 핍박을 기뻐하며 즐거워하는
신앙생활하는 신앙의 사람이 될 것(마5:10-13)
① 하늘에서 상이 크므로(마5:12상)
② 전에 있던 선지자들을 핍박했으므로(마5:12하)
③ 예수 그리스도와 복음을 위하여 모든 것을 버린 자는 금
세에서 백배나 받고 핍박을 겸하여 받고 내세에서 영생을
받게 되므로(막10:29-31)
④ 선지자와 사도들을 보내면 핍박 하리라고 말씀하셨으므
로(눅11:49-52)
⑤ 예수 그리스도께서 핍박을 받으셨으므로

　　(요5:16) (요15:20)
　⑥ 성령을 거슬려 선지자들을 핍박하고 의인을 죽였으므로
　　(행7:51-53)
　⑦ 핍박을 받아도 버린바 되지 아니하므로(고후4:8-9)
　⑧ 어떤 핍박도 우리를 그리스도의 사랑에서 끊을 수가 없
　　으므로(롬8:35)
　⑨ 바울 사도가 모든 핍박과 환난 중에서 인내하고 믿음을
　　지킨 데살로니가 성도들을 하나님의 여러 교회에서 자랑
　　했으므로(살후1:4)
　⑩ 예수 그리스도 안에서 경건하게 살고자 하는 자는 핍박
　　을 받게 되므로(딤후3:12)
　⑪ 하나님께서 극심한 환난과 고난과 핍박 중에서도 바울
　　사도를 건져 주셨으므로(딤후3:10-11)
　⑫ 이 동네에서 핍박하면 저 동네로 피하면 될 것이므로
　　(마10:23)
　⑬ 해를 입은 교회를 핍박하면 땅이 도와 핍박을 면하게 할
　　것이므로(계12:13-17)
4) 세상에 소금인 생활하는 신앙의 사람이 될 것(마5:13)
　　(막9:50) (눅11:9-13)
5) 세상에 빛인 생활하는 신앙의 사람이 될 것
　① 착한 행실이요(마5:14-16)
　② 착하고 의롭고 진실한 생활이요(엡5:8-9)
　③ 흠 없는 생활임(빌2:15)
6) 사랑의 새 계명을 지켜 생활하는 신앙의 사람이 될 것
　　(마5:17)
7) 성경 말씀 위주로 생활하는 신앙의 사람이 될 것
　　(마5:18-19) (딤후3:13-17) (시1:1-2) (요6:66-69)

영생과 형통

1. 영생의 단계

8단계에 이른 신앙의 단계는 천년세계와 하늘나라에 들어갈 수 있는 자격을 갖추는 것을 뜻합니다. 천년세계, 천국에 가서 자격을 갖추는 것이 아닌 이 땅에서 갖춰야 하는 것입니다(계 14:15-16).

서울대학교나 하버드대학교에 입학하기 위해서는 먼저 입학할 수 있는 자격과 실력을 갖춰야 하는 것처럼, 천국에 들어가기 위해서도 먼저 이 땅에서 믿음의 실력을 갖춰야 합니다. 신앙의 8단계 중 마지막인 여덟 번째 단계는 '영생의 단계'와 '형통의 단계'로 나눠져 있습니다.

● (요한계시록 14:14-16)

14 또 내가 보니 흰 구름이 있고 구름 위에 사람의 아들과 같은 이가 앉았는데 그 머리에는 금 면류관이 있고 그 손에는 이한 낫을 가졌더라 15 또 다른 천사가 성전으로부터 나와 구름 위에 앉은 이를 향하여 큰 음성으로 외쳐 가로되 네 낫을 휘둘러 거두라 거둘 때가 이르러 땅에 곡식이 다 익었음이로다 하니 16 구름 위에 앉으신 이가 낫을 땅에 휘두르매 곡식이 거두어지니라

영생의 단계는 과거의 영생, 현재의 영생, 미래의 영생 이렇게 세 가지로 되어있습니다. 영생을 성경에서 구원이라고도 표현합니다. 에베소서 2장 5절부터 8절에는 과거의 구원을, 빌립보서 2장 12절에는 현재의 구원을, 사도행전 2장 21절, 야고보서 2장 14절, 베드로전서 3장 20절에는 미래의 구원을 기록해 놓았습니다. 그러면 과거의 영생, 구원부터 함께 봅시다.

(1) 과거의 영생 (구원)

1-1. 내 말을 듣고 또 나 보내신 이를 믿는 자는 영생을 얻었고

● (요한복음 5:24)

24 내가 진실로 진실로 너희에게 이르노니 내 말을 듣고 또 나 보내신 이를 믿는 자는 영생을 얻었고 심판에 이르지 아니하나니 사망에서 생명으로 옮겼느니라

1-2. 내 살을 먹고 내 피를 마시는 자는 영생을 가졌고

● (요한복음 6:54)
내 살을 먹고 내 피를 마시는 자는 영생을 가졌고 마지막 날에 내가 그를 다시 살리리니

1-3. 아들을 믿는 자는 영생이 있고

● (요한복음 3:36)
아들을 믿는 자는 영생이 있고 아들을 순종치 아니하는 자는 영생을 보지 못하고 도리어 하나님의 진노가 그 위에 머물러 있느니라

1-4. 우리에게 영생을 주신 것과

● (요한일서 5:11)
또 증거는 이것이니 하나님이 우리에게 영생을 주신 것과 이 생명이 그의 아들 안에 있는 그것이니라

영생을 얻었다, 구원을 얻었다, 하나님 자녀로 태어났다, 중생했다고 하는 표현은 모두 동일한 의미입니다. 곧 과거의 영생(구원)을 말씀하신 것입니다.

(2) 미래의 영생 (구원)

2-1. 의인들은 영생에 들어가리라

● (마태복음 25:46)
저희는 영벌에, 의인들은 영생에 들어가리라 하시니라

사랑의 새계명을 지켜 행하지 못한 신앙의 사람은 염소들로써 영벌인 둘째 사망의 지옥에 들어가고 사랑의 새계명까지 지켜 행한 신앙의 사람들은 의인(양)들로써 미래의 영생에 들어간다는 말씀입니다.

2-2. 불구자나 절뚝발이로 영생에 들어가는 것이 보다 나으니라

● (마태복음 18:8)
만일 네 손이나 네 발이 너를 범죄케 하거든 찍어 내버리라 불구자나 절뚝발이로 영생에 들어가는 것이 두 손과 두 발을 가지고 영원한 불에 던지우는 것보다 나으니라

2-3. 한 눈으로 영생에 들어가는 것이 보다 나으니라

● (마태복음 18:9)
만일 네 눈이 너를 범죄케 하거든 빼어 내버리라 한 눈으로 영생에 들어가는 것이 두 눈을 가지고 지옥 불에 던지우는 것보다 나으니라

2)와 3)의 말씀은 과거의 영생을 얻었는데도 범죄를 할 수 있습니다. 죄를 범했을 때 눈을 빼는 심정으로 철저한 회개를 하여 다시는 죄를 짓지 않는 신앙생활을 잘하여서 신랑예수를 맞이하는 미래의 영생에 들어가라는 뜻입니다. 이런 강한 결단이 필요하다는 뜻이며, 이런 회개를 해야 하나님께서 다시 동일한 죄를 짓지 않을 수 있는 은혜를 주시는 것입니다.

2-4. 내세에서 영생을 받지 못할 자가 없느니라

● (마가복음 10:30)
금세에 있어 집과 형제와 자매와 모친과 자식과 전토를 백 배나 받되 핍박을 겸하여 받고 내세에 영생을 받지 못할 자가 없느니라

예수님을 위해서 모든 것을 버릴 수 있어야 천국에 들어갈 수 있다는 말씀입니다. 곧 자아와 욕심을 버린 신앙차원에 이르러야 미래의 영생의 복을 받아 누릴 수 있다는 말씀입니다.

2-5. 영생에 이르는 열매를 모으나니

● (요한복음 4:35-36)
35 너희가 넉 달이 지나야 추수할 때가 이르겠다 하지 아니하느냐 내가 너희에게 이르노니 눈을 들어 밭을 보라 희어져 추수하게 되었도다 36 거두는 자가 이미 삯도 받고 영생에 이르는 열매를 모으나니 이는 뿌리는 자와 거두는 자가 함께 즐거워하게 하려 함이니라

위 말씀은 '영생에 이르는 열매'가 바로 천년세계와 천국에 들어 갈 수 있는 알곡 신앙의 사람으로 미래 영생의 복을 받는다는 말씀입니다.

2-6. 거룩함에 이르는 열매를 얻었나니 이 마지막은 영생이니라

● (로마서 6:22)
그러나 이제는 너희가 죄에게서 해방되고 하나님께 종이 되어 거룩함에 이르는 열매를 얻었으니 이 마지막은 영생이라

위의 말씀 '마지막은 영생'이라는 뜻이 바로 천국에 들어갈 수 있다는 미래 영생의 복을 받는다는 말씀입니다.

2-7. 성령으로 말미암아 영생을 거두리라

● (갈라디아서 6:8)
자기의 육체를 위하여 심는 자는 육체로부터 썩어진 것을 거두고 성령을 위하여 심는 자는 성령으로부터 영생을 거두리라

성령의 감화와 감동에 따라 말씀 차원에서 자아와 욕심까지 온전히 처리되어 오직 하나님의 의를 위하여 심는 자 즉 충성하는 자가 미래 영생 곧 천국에 들어갈 수 있다는 말씀입니다.

2. 형통의 단계

형통의 단계는 악인이 이 땅에서 누리는 형통의 복이 아닌 8차원의 신앙의 단계에 이른 의인들이 이 땅에서 형통의 복을 누리는 단계가 있습니다. 그러면 먼저 악인의 형통에 대해서 살펴보면,

(1) 악인의 형통

자아와 욕심을 버리지 못한 신앙 차원의 사람이나 불신자들이나 타 종교인들이 이 땅에서 누리는 형통의 복을 말씀하는 것입니다.

1-1. 부러워 말아야 할 악인이 이 땅에서 누리는 형통의 복

● (잠언 24:1)
너는 악인의 형통을 부러워하지 말며 그와 함께 있기도 원하지 말지어다

● (잠언 24:19)
너는 행악자의 득의함을 인하여 분을 품지 말며 악인의 형통을 부러워하지 말라

1-2. 졸지에 망하게 될 악인이 이 땅에서 누리는 형통의 복

● (시편 73:12-19)

12 볼지어다 이들은 악인이라 항상 평안하고 재물은 더 하도다
13 내가 내 마음을 정히 하며 내 손을 씻어 무죄하다 한 것이 실
로 헛되도다 14 나는 종일 재앙을 당하며 아침마다 징책을 보았도
다 15 내가 만일 스스로 이르기를 내가 이렇게 말하리라 하였더면
주의 아들들의 시대를 대하여 궤휼을 행하였으리이다 16 내가 어
찌면 이를 알까 하여 생각한즉 내게 심히 곤란하더니 17 하나님의
성소에 들어갈 때에야 저희 결국을 내가 깨달았나이다 18 주께서
참으로 저희를 미끄러운 곳에 두시며 파멸에 던지시니 19 저희가
어찌 그리 졸지에 황폐되었는가 놀람으로 전멸하였나이다

1-3 악인의 형통의 예

① 예레미아 때 예루살렘 성전의 형통(듣는 차원)

● (예레미야 7:1-4)

1 여호와께로서 예레미야에게 말씀이 임하니라 가라사대 2 너는
여호와의 집 문에 서서 이 말을 선포하여 이르기를 여호와께 경배
하러 이 문으로 들어가는 유다인아 다 여호와의 말씀을 들으라 3
만군의 여호와 이스라엘의 하나님이 이같이 말씀하시되 너희 길과
행위를 바르게 하라 그리하면 내가 너희로 이 곳에 거하게 하리라
4 너희는 이것이 여호와의 전이라, 여호와의 전이라, 여호와의 전

이라 하는 거짓말을 믿지 말라

● (예레미야 7:11)

내 이름으로 일컬음을 받는 이 집이 너희 눈에는 도적의 굴혈로 보이느냐 보라 나 곧 내가 그것을 보았노라 여호와의 말이니라

이스라엘 백성들이 7년 동안 지은 예루살렘 성전에서 신앙생활을 하고 있었습니다. 바벨론에 침략을 받기 전에 이곳에서 신앙생활을 하고 있었으나 악인의 형통을 받은 신앙생활이었으며, 당시 성전은 강도굴혈, 장사하는 집이었습니다.

② 예수 그리스도 당시의 예루살렘 성전의 형통(듣는 차원)

● (마태복음 21:12-13)

12 예수께서 성전에 들어가사 성전 안에서 매매하는 모든 자를 내어쫓으시며 돈 바꾸는 자들의 상과 비둘기 파는 자들의 의자를 둘러 엎으시고 13 저희에게 이르시되 기록된 바 내 집은 기도하는 집이라 일컬음을 받으리라 하였거늘 너희는 강도의 굴혈을 만드는도다 하시니라

● (요한복음 2:14-16)

14 성전 안에서 소와 양과 비둘기 파는 사람들과 돈 바꾸는 사람들의 앉은 것을 보시고 15 노끈으로 채찍을 만드사 양이나 소를 다 성전에서 내어쫓으시고 돈 바꾸는 사람들의 돈을 쏟으시며 상

을 엎으시고 16 비둘기 파는 사람들에게 이르시되 이것을 여기서
가져가라 내 아버지의 집으로 장사하는 집을 만들지 말라 하시니

예수님 당시의 예루살렘 성전에서 신앙생활을 하던 이스라엘
백성들은 진리의 말씀을 깨닫고 순종하는 차원이 아닌 듣는 차
원, 악인의 형통, 죄인의 형통의 복 받은 신앙생활을 하고 있었습
니다. 예레미야 선지자 시대의 백성들의 믿음 상태와 동일한 상
태였습니다.

③ 초대교회의 형통(듣는 차원)

● (사도행전 5:1-10)
1 아나니아라 하는 사람이 그 아내 삽비라로 더불어 소유를 팔아
2 그 값에서 얼마를 감추매 그 아내도 알더라 얼마를 가져다가 사
도들의 발 앞에 두니 3 베드로가 가로되 아나니아야 어찌하여 사
단이 네 마음에 가득하여 네가 성령을 속이고 땅 값 얼마를 감추었
느냐 4 땅이 그대로 있을 때에는 네 땅이 아니며 판 후에도 네 임
의로 할 수가 없더냐 어찌하여 이 일을 네 마음에 두었느냐 사람에
게 거짓말 한 것이 아니요 하나님께로다 5 아나니아가 이 말을 듣
고 엎드러져 혼이 떠나니 이 일을 듣는 사람이 다 크게 두려워하더
라 6 젊은 사람들이 일어나 시신을 싸서 메고 나가 장사하니라 7
세 시간쯤 지나 그 아내가 그 생긴 일을 알지 못하고 들어오니 8
베드로가 가로되 그 땅 판 값이 이것뿐이냐 내게 말하라 하니 가로
되 예 이뿐이로라 9 베드로가 가로되 너희가 어찌 함께 꾀하여 주

의 영을 시험하려 하느냐 보라 네 남편을 장사하고 오는 사람들의 발이 문 앞에 이르렀으니 또 너를 메어 내가리라 한대 10 곧 베드로의 발 앞에 엎드러져 혼이 떠나는지라 젊은 사람들이 들어와 죽은 것을 보고 메어다가 그 남편 곁에 장사하니

아나니아, 삽비라 역시 자아와 욕심이 처리되지 않는 악인의 형통을 받은 신앙상태였습니다.

④ 첫사랑의 행위를 회복하지 못한 에베소 교회의 형통(듣는 차원)

●(요한계시록 2:2-5)
2 내가 네 행위와 수고와 네 인내를 알고 또 악한 자들을 용납지 아니한 것과 자칭 사도라 하되 아닌 자들을 시험하여 그 거짓된 것을 네가 드러낸 것과 3 또 네가 참고 내 이름을 위하여 견디고 게으르지 아니한 것을 아노라 4 그러나 너를 책망할 것이 있나니 너의 처음 사랑을 버렸느니라 5 그러므로 어디서 떨어진 것을 생각하고 회개하여 처음 행위를 가지라 만일 그리하지 아니하고 회개치 아니하면 내가 네게 임하여 네 촛대를 그 자리에서 옮기리라

첫사랑을 회복하지 못한 에베소 성도들의 신앙상태도 마찬가지로 악인의 형통인 듣는 차원이었습니다.

⑤ 라오디게아 교회의 형통(듣는 차원)

● (요한계시록 3:17-18)
17 네가 말하기를 나는 부자라 부요하여 부족한 것이 없다 하나 네 곤고한 것과 가련한 것과 가난한 것과 눈먼 것과 벌거벗은 것을 알지 못하도다 18 내가 너를 권하노니 내게서 불로 연단한 금을 사서 부요하게 하고 흰 옷을 사서 입어 벌거벗은 수치를 보이지 않게 하고 안약을 사서 눈에 발라 보게 하라

일곱 교회 중 라오디게아 교회는 부자라 부요하여 부족한 것이 없다고 하는 형통한 복을 받았습니다. 그러나 가련하고 가난한 곧 자아와 욕심을 처리하지 못한 악인의 형통의 복을 받은 교회에 불과한 것입니다.

⑥ 붉은 빛 짐승을 탄 큰 음녀의 형통(듣는 차원)

● (요한계시록 17:1-4)
1 또 일곱 대접을 가진 일곱 천사 중 하나가 와서 내게 말하여 가로되 이리 오라 많은 물 위에 앉은 큰 음녀의 받을 심판을 네게 보이리라 2 땅의 임금들도 그로 더불어 음행하였고 땅에 거하는 자들도 그 음행의 포도주에 취하였다 하고 3 곧 성령으로 나를 데리고 광야로 가니라 내가 보니 여자가 붉은 빛 짐승을 탔는데 그 짐승의 몸에 참람된 이름들이 가득하고 일곱 머리와 열 뿔이 있으며 4 그 여자는 자주 빛과 붉은 빛 옷을 입고 금과 보석과 진주로 꾸

미고 손에 금잔을 가졌는데 가증한 물건과 그의 음행의 더러운 것
들이 가득하더라

큰 음녀는 라오디게아 교인들보다 더 많은 형통의 복을 받게
됩니다. 그러나 듣는 차원의 형통의 복 악인의 형통한 복만 받게
될 뿐입니다.

(2) 의인의 형통

8차원의 신앙의 사람들이 이 땅에서 누리는 형통의 복을 말씀하
신 것입니다.

2-1. 영혼이 잘됨이 범사가 잘된 신앙의 사람이 누리는 형통의 복

● (요한3서 1:2-4)
2 사랑하는 자여 네 영혼이 잘 됨같이 네가 범사에 잘 되고 강건하
기를 내가 간구하노라 3 형제들이 와서 네게 있는 진리를 증거하되
네가 진리 안에서 행한다 하니 내가 심히 기뻐하노라 4 내가 내 자
녀들이 진리 안에서 행한다 함을 듣는 것보다 더 즐거움이 없도다

위 말씀에서 "네 영혼이 잘됨같이"는 성령 충만 받고 진리단계
까지 들어가서 자아와 욕심까지 처리되어 사랑의 새계명까지 실
천하는 알곡을 의미합니다.

2-2. 먼저 그의 나라와 그의 의를 구하면 이 모든 것 더 해 주시는 신앙의 사람이 누리는 형통의 복

● (마태복음 6:33)
너희는 먼저 그의 나라와 그의 의를 구하라 그리하면 이 모든 것을 너희에게 더하시리라

천년왕국(천국)을 목적하고 자아와 욕심을 처리하여 새계명 실천의 생활하는 것을 가장 최우선으로 실천하는 자에게 모든 것을 더하시는 형통의 복을 주시겠다는 뜻입니다.

2-3. 주 예수의 재림의 날에 온 영과 혼과 몸이 흠 없이 보존된 신앙의 사람이 누리는 형통의 복

● (데살로니가전서 5:23)
평강의 하나님이 친히 너희로 온전히 거룩하게 하시고 또 너희 온 영과 혼과 몸이 우리 주 예수 그리스도 강림하실 때에 흠없게 보전되기를 원하노라

2-4. 선을 행하는 각 사람에게 영광과 존귀와 평강을 누리는 형통의 복

● (로마서 2:6-10)
6 하나님께서 각 사람에게 그 행한 대로 보응하시되 7 참고 선을

선을 행한다는 것은 하나님께 이웃에게 사랑의 새계명을 실천하되 욕심이 처리된 선을 행하는 것입니다.

3. 의인의 형통의 단계에 이른 인물들

마지막 신앙의 단계는 형통의 단계입니다. 형통에는 악인, 죄인의 형통이 있으며 의인, 선인의 형통이 있습니다. 하나님께서는 믿는 자들이 의인의 형통을 받기를 원하십니다.

미국에서 부자들이 나라가 어려워지자 세금을 더 내겠다고 발벗고 나서는 것이나, 대통령이 되면 모든 재산을 사회에 환원하겠다는 등의 공약은 마음속에 결국 자기들의 이권을 위한 마음이 포함되어 있으며 성경에서 말하는 선인의 형통이나 의인의 형통이 아닙니다.

예수 그리스도의 형상과 모양을 닮은 신앙은 영혼이 잘된 것이므로, 복의 근원되신 하나님 아버지께서 범사가 잘되고 강건의 복인 형통의 복을 주십니다. 그러면 예수 그리스도의 형상과 모양을 닮은 믿음을 가지고 형통의 복을 받은 신앙의 인물들에 대해서 살펴보도록 하겠습니다.

(1) 욥의 형통

1-1. 성령 차원의 형통(듣는 차원)

● (욥기 1:2-3)
2 그 소생은 남자가 일곱이요 여자가 셋이며 3 그 소유물은 양이 칠천이요 약대가 삼천이요 소가 오백 겨리요 암나귀가 오백이며 종도 많이 있었으니 이 사람은 동방 사람 중에 가장 큰 자라

본문 욥기에서는 욥이 형통한 복을 받은 것이 기록되어 있습니다. 욥은 많은 복을 받았으나 욥기 1장에서의 복은 듣는 차원(성령차원)의 복이었으며 악인, 죄인의 형통이었습니다. 아직 자아와 욕심이 처리되지 않은 형통이었습니다.

욥이 자아와 욕심이 처리되지 않은 형통의 복을 받은 신앙 이었으므로 욥기 3장에 이르러서 하나님과 어미와 자신을 원망하며 자기의 생일을 저주했던 것입니다.

● (욥기 3:1-19)

1 그 후에 욥이 입을 열어 자기의 생일을 저주하니라 2 욥이 말을 내어 가로되 3 나의 난 날이 멸망하였었더라면, 남아를 배었다 하던 그 밤도 그러하였었더라면, 4 그 날이 캄캄하였었더라면, 하나님이 위에서 돌아보지 마셨더라면, 빛도 그 날을 비취지 말았었더라면, ...

1-2. 진리 차원의 형통(보는 차원) = 의인의 형통

● (욥기 42:2-17)

2 주께서는 무소불능하시오며 무슨 경영이든지 못 이루실 것이 없는 줄 아오니 3 무지한 말로 이치를 가리우는 자가 누구니이까 내가 스스로 깨달을 수 없는 일을 말하였고 스스로 알 수 없고 헤아리기 어려운 일을 말하였나이다 4 내가 말하겠사오니 주여 들으시고 내가 주께 묻겠사오니 주여 내게 알게 하옵소서 5 내가 주께 대하여 귀로 듣기만 하였삽더니 이제는 눈으로 주를 뵈옵나이다 6 그러므로 내가 스스로 한하고 티끌과 재 가운데서 회개하나이다 7 여호와께서 욥에게 이 말씀을 하신 후에 데만 사람 엘리바스에게 이르시되 내가 너와 네 두 친구에게 노하나니 이는 너희가 나를 가리켜 말한 것이 내 종 욥의 말 같이 정당하지 못함이니라 8 그런즉 너희는 수송아지 일곱과 수양 일곱을 취하여 내 종 욥에게 가서 너희를 위하여 번제를 드리라 내 종 욥이 너희를 위하여 기도할 것인즉 내가 그를 기쁘게 받으리니 너희의 우매한대로 너희에게 갚지 아니하리라 이는 너희가 나를 가리켜 말한 것이 내 종 욥의 말같이

정당하지 못함이니라 9 이에 데만 사람 엘리바스와 수아 사람 빌닷과 나아마 사람 소발이 가서 여호와께서 자기들에게 명하신 대로 행하니라 여호와께서 욥을 기쁘게 받으셨더라 10 욥이 그 벗들을 위하여 빌매 여호와께서 욥의 곤경을 돌이키시고 욥에게 그전 소유보다 갑절이나 주신지라 11 이에 그의 모든 형제와 자매와 및 전에 알던 자들이 다와서 그 집에서 그와 함께 식물을 먹고 여호와께서 그에게 내리신 모든 재앙에 대하여 그를 위하여 슬퍼하며 위로하고 각각 금 한 조각과 금고리 하나씩 주었더라 12 여호와께서 욥의 모년에 복을 주사 처음 복보다 더하게 하시니 그가 양 일만 사천과 약대 육천과 소 일천 겨리와 암나귀 일천을 두었고 13 또 아들 일곱과 딸 셋을 낳았으며 14 그가 첫째 딸은 여미마라 이름하였고 둘째 딸은 굿시아라 이름하였고 세째 딸은 게렌합북이라 이름하였으며 15 전국 중에 욥의 딸들처럼 아리따운 여자가 없었더라 그 아비가 그들에게 그 오라비처럼 산업을 주었더라 16 그 후에 욥이 일백 사십년을 살며 아들과 손자 사대를 보았고 17 나이 늙고 기한이 차서 죽었더라

욥기 3장부터 42장까지 몇 년의 세월이 흘러갔는지 알 수 없지만 고난의 세월에서 욥은 점차 진리의 눈이 열렸고 자아와 욕심이 처리되는 진리의 세계로 들어가게 됩니다. 욥기 42장에서 욥은 드디어 자아와 욕심이 처리된 보는 차원의 신앙이 되었습니다. 5절에서 '이제는 눈으로 주를 뵈옵나이다'라 기록하였습니다. 12절~17절에서는 하나님께서 욥에게 전보다 더욱 복을 주셨던 의인의 형통의 축복이 기록되어 있습니다.

(2) 야곱의 형통

2-1. 성령 차원의 형통(듣는 차원)

● (창세기 32:13-15)
13 야곱이 거기서 경야하고 그 소유 중에서 형 에서를 위하여 예물을 택하니 14 암염소가 이백이요 수염소가 이십이요 암양이 이백이요 수양이 이십이요 15 젖나는 약대 삼십과 그 새끼요 암소가 사십이요 황소가 열이요 암나귀가 이십이요 그 새끼나귀가 열이라

믿음의 조상 야곱도 외삼촌 집에서 많은 형통의 복을 받았습니다. 그러나 이때의 복은 자아와 욕심이 처리되지 아니한 악인의 형통의 복인 성령 차원(듣는 차원)의 복이었습니다.

2-2. 진리 차원의 형통(보는 차원) = 의인의 형통

● (창세기 35:9-12)
9 야곱이 밧단아람에서 돌아오매 하나님이 다시 야곱에게 나타나사 그에게 복을 주시고 10 그에게 이르시되 네 이름이 야곱이다마는 네 이름을 다시는 야곱이라 부르지 않겠고 이스라엘이 네 이름이 되리라 하시고 그가 그의 이름을 이스라엘이라 부르시고 11 그에게 이르시되 나는 전능한 하나님이니라 생육하며 번성하라 국민과 많은 국민이 네게서 나고 왕들이 네 허리에서 나오리라 12 내가 아브라함과 이삭에게 준 땅을 네게 주고 내가 네 후손에게도 그

땅을 주리라 하시고

　그 사람의 이름은 그 사람의 신앙을 나타내는데 야곱은 속이는 자, 도둑, 사기꾼의 뜻으로 자기를 위한 욕심과 자아가 충만한 상태, 즉 듣는 차원의 신앙이었는데 이런 야곱이 이제 이스라엘이 되었습니다. 이스라엘은 이기는 자라는 뜻이며, 자아와 욕심이 처리된 진리 차원의 신앙 상태로 의인의 형통한 복을 받게 되는 신앙인이 되었다는 말씀입니다. 야곱의 이름의 신앙으로는 천국을 갈 수 없으며, 이스라엘이 되어야 천국에 갈 수 있습니다.

(3) 아브라함의 형통(진리 차원)

● (창세기 24:1)
아브라함이 나이 많아 늙었고 여호와께서 그의 범사에 복을 주셨더라

　위 말씀은 믿음의 조상 아브라함이 겉사람은 후패 할대로 후패하여지고 속사람은 날로 새로울 대로 새로워져서(고후4:16) 곧 자아와 욕심을 버리고 예수 그리스도의 형상과 모양을 닮은 신앙의 사람이 되어 의인의 형통의 복을 받았다는 말씀입니다.

(4) 이삭의 형통(진리 차원)

● (창세기 26:12-16)

12 이삭이 그 땅에서 농사하여 그 해에 백 배나 얻었고 여호와께서 복을 주시므로 13 그 사람이 창대하고 왕성하여 마침내 거부가 되어 14 양과 소가 떼를 이루고 노복이 심히 많으므로 블레셋 사람이 그를 시기하여 15 그 아비 아브라함 때에 그 아비의 종들이 판 모든 우물을 막고 흙으로 메웠더라 16 아비멜렉이 이삭에게 이르되 네가 우리보다 크게 강성한즉 우리를 떠나가라

위 말씀은 이삭도 의인의 형통을 받았다는 내용이 기록된 말씀입니다. 하나님께서는 믿음의 조상 아브라함, 이삭, 야곱의 후손인 우리 믿는 자들도 세 분의 의인의 형통을 받기를 원하십니다.

(5) 솔로몬의 형통(진리 차원)

● (열왕기상 3:11-14)

11 이에 하나님이 저에게 이르시되 네가 이것을 구하도다 자기를 위하여 수도 구하지 아니하며 부도 구하지 아니하며 자기의 원수의 생명 멸하기도 구하지 아니하고 오직 송사를 듣고 분별하는 지혜를 구하였은즉 12 내가 네 말대로 하여 네게 지혜롭고 총명한 마음을 주노니 너의 전에도 너와 같은 자가 없었거니와 너의 후에도 너와 같은 자가 일어남이 없으리라 13 내가 또 너의 구하지 아

니한 부와 영광도 네게 주노니 네 평생에 열왕 중에 너와 같은 자가 없을 것이라 14 네가 만일 네 아비 다윗의 행함같이 내 길로 행하며 내 법도와 명령을 지키면 내가 또 네 날을 길게 하리라

솔로몬은 많은 왕들 중에서 가장 복을 많이 받은 왕입니다. 그런 솔로몬은 과거에 "나는 어린 아이라 출입할 줄 모른다"하면서 하나님께 일천 번제를 드렸습니다. 하나님께서는 솔로몬에게 지혜와 총명의 은사를 충만히 주셨고 지혜와 총명을 충만히 받은 솔로몬은 칼의 말씀을 깨달아 먹고 자아와 욕심을 처리한 신앙 차원에서 의인의 형통의 복을 그토록 많이 받아 누린 왕이 됐습니다.

(6) 예수 그리스도의 제자들의 형통(진리 차원)

● (마가복음 10:28-31)
28 베드로가 여짜와 가로되 보소서 우리가 모든 것을 버리고 주를 좇았나이다 29 예수께서 가라사대 내가 진실로 너희에게 이르노니 나와 및 복음을 위하여 집이나 형제나 자매나 어미나 아비나 자식이나 전토를 버린 자는 30 금세에 있어 집과 형제와 자매와 모친과 자식과 전토를 백 배나 받되 핍박을 겸하여 받고 내세에 영생을 받지 못할 자가 없느니라 31 그러나 먼저 된 자로서 나중 되고 나중 된 자로서 먼저 될 자가 많으니라

위의 말씀은 진리 차원에서 자아와 욕심을 버리고 핍박을 받으면서도 예수님과 복음을 위해서 죽도록 충성한 주의 종들에게 영생의 복과 의인의 형통의 복을 받게 된다는 말씀입니다.

(7) 바울 사도의 형통(진리 차원)

● (빌립보서 4:16-20)

16 데살로니가에 있을 때에도 너희가 한번 두번 나의 쓸 것을 보내었도다 17 내가 선물을 구함이 아니요 오직 너희에게 유익하도록 과실이 번성하기를 구함이라 18 내게는 모든 것이 있고 또 풍부한지라 에바브로디도 편에 너희의 준 것을 받으므로 내가 풍족하니 이는 받으실 만한 향기로운 제물이요 하나님을 기쁘시게 한 것이라 19 나의 하나님이 그리스도 예수 안에서 영광 가운데 그 풍성한 대로 너희 모든 쓸 것을 채우시리라 20 하나님 곧 우리 아버지께 세세 무궁토록 영광을 돌릴지어다 아멘

두말할 것 없이 바울 사도도 진리 차원에 이른 분입니다. 예수님과 복음을 위해서 충성을 다한 바울 사도는 의인의 형통의 복을 받아 누렸습니다.

영생과 형통의 단계(8단계)의 요약정리

1. 영생의 단계
　　① 과거의 영생(구원) : (요5:24, 6:54) (요일5:11)
　　② 미래의 영생(구원) : (마25:46)

2. 형통의 단계

(1) 악인의 형통
　　① 부러워하지 말라 : (잠24:1, 19)
　　② 졸지에 망하게 됨 : (시73:12-19)
　　③ 악인의 형통의 예 : (렘7:1-4, 11) (요2:14-16)
　　　(행5:1-10) (계3:17-18, 17:1-4)

(2) 의인의 형통
　　① 영혼이 잘됨같이 범사가 잘되는 형통의 복 : (요삼1:2-4)
　　② 먼저 그의 나라와 그의 의를 구하므로 이 모든 것 더해
　　　주시는 형통의 복 : (마6:33)
　　③ 주 예수 재림의 날에 온 영과 혼과 몸이 흠없이 보존된
　　　의인이 누리는 형통의 복 : (살전5:23)
　　④ 선을 행하는 각 사람에게 영광과 존귀와 평강을 누리는
　　　형통의 복 : (롬2:6-10)

3. 의인의 형통의 단계에 이른 인물들

(1) 욥의 형통
　　① 성령 차원(듣는 차원)의 형통 : (욥1:2-3)
　　② 진리 차원의 형통(보는 차원)= 의인의 형통 : (욥42:2-17)

(2) 야곱의 형통
  ① 성령 차원의 형통(듣는 차원) : (창32:13-15)
  ② 진리 차원의 형통(보는 차원)= 의인의 형통 : (창35:9-12)

(3) 아브라함의 형통(진리 차원) : (창24:1)

(4) 이삭의 형통(진리 차원) : (창26:12-16)

(5) 솔로몬의 형통(진리 차원) : (왕상3:11-14)

(6) 예수 그리스도의 제자들의 형통(진리 차원) :
  (막10:28-31)

(7) 바울 사도의 형통(진리 차원) : (빌4:16-20)

망망한 바다 한가운데서 배 한 척이 침몰하게 되었습니다 .
모두들 구명보트에 옮겨 탔지만 한 사람이 보이지 않았습니다 .
절박한 표정으로 안절부절 못하던 성난 무리 앞에 급히 달려 나온 그 선원이
꼭 쥐고 있던 손바닥을 펴 보이며 말했습니다 .
"모두들 나침반을 잊고 나왔기에 … "
분명 , 나침반이 없었다면 그들은 끝없이 바다 위를 표류할 수 밖에 없을 것입니다 .

우리는 삶의 바다를 항해하는 모든 이들을 위하여
그 나침반의 역할을 하고 싶습니다 .
우리를 구원하신 위대한 주 예수 그리스도를 널리 전하고 싶습니다 .

"하나님은 모든 사람이 구원을 받으며
진리를 아는 데에 이르기를 원하시느니라"
(디모데전서 2 장 4 절)

진리로 무장하자

지은이 ｜ 최모세 목사
발행인 ｜ 김용호
발행처 ｜ 나침반출판사

제2판 발행 ｜ 2021년 9월 20일

등 록 ｜ 1980년 3월 18일 / 제 2-32호
주 소 ｜ 07547 서울특별시 강서구 양천로 583
　　　　블루나인 비즈니스센터 B동 1607호
전 화 ｜ 본사 (02) 2279-6321 / 영업부 (031) 932-3205
팩 스 ｜ 본사 (02) 2275-6003 / 영업부 (031) 932-3207
홈 피 ｜ www.nabook.net
이메일 ｜ nabook@korea.com / nabook@nabook.net

ISBN 978-89-318-1532-0
책번호 나-2029

값은 뒤표지에 있습니다 .